Interazioni Umane

Impara a Leggere il Linguaggio del Corpo e Scopri L'arte della Persuasione e della Comunicazione Assertiva.

Di Carlo Ferri

Sommario

Introduzione 6

Capitolo 1: L'Essenza delle Interazioni Umane 9

Capitolo 2: I Principi Fondamentali della Comunicazione Efficace 24

Capitolo 3: Comprendere il Linguaggio del Corpo 40

Capitolo 4: Relazioni Interpersonali: Costruzione e Manutenzione 56

Capitolo 5: L'Ascolto Attivo: Tecnica e Pratica...72

Capitolo 6: Empatia: Il Ponte verso le Connessioni Umane 87

Capitolo 7: Il Potere delle Parole: Dizione, Tonality, e Rhetorica 103

Capitolo 8: Linguaggio del Corpo Avanzato e Microespressioni 118

Capitolo 9: L'Arte della Persuasione 135

Capitolo 10: Comunicazione Efficace nel Contesto Sociale e Professionale 150

Capitolo 11: Integrare e Applicare le Competenze Comunicative 167

Conclusione....................................184

UN REGALO PER TE!

Gentile lettore,

Grazie per aver scelto di acquistare Interazioni Umane! Per esprimere la mia gratitudine, ho deciso di offrirti un regalo esclusivo:

La Linea tra Persuasione e Manipolazione

Attraverso questo testo bonus scoprirai le principali differenze tra persuasione e manipolazione ed imparerai a riconoscere i leader manipolatori.

Per accedere al tuo regalo gratuito ed esclusivo, ti basta cliccare sul seguente link o scannerizzare il QR CODE:

Spero che questo regalo aggiunga ulteriore valore alla tua esperienza di lettura e ti aiuti a raggiungere i tuoi obiettivi. Buona lettura e grazie ancora per il tuo sostegno!

Introduzione

La comunicazione è la tela su cui dipingiamo i contorni delle nostre vite sociali e professionali. Come una danza complessa tra espressione e ascolto, essa definisce l'efficacia con cui interagiamo con il mondo che ci circonda. Nel libro che sta per dispiegarsi davanti ai vostri occhi, esploreremo i vari aspetti e le sfumature dell'arte comunicativa, offrendo strumenti, tecniche e prospettive per affinare questo ingrediente fondamentale dell'esistenza umana.

Questo libro non è soltanto una guida pratica, ma un viaggio attraverso la vastità e la profondità della comunicazione. Dalle radici psicologiche e dai principi basilari, fino agli approcci più avanzati e alle strategie per affrontare sfide specifiche, si tratta di un percorso completo che intende sia illuminare la teoria che fornire consigli pratici.

Partiremo esaminando come i nostri stessi processi interni, cioè pensieri, emozioni, credenze e valori, si traducano in messaggi che proiettiamo verso gli altri. Cercheremo di comprendere come la percezione e la cognizione influenzino ciò che diciamo e come lo diciamo. Attraverso questo viaggio, diventeremo consapevoli degli ostacoli e delle distorsioni comunicative che spesso diamo per scontati, apprendendo strategie per superarli.

Proseguendo, approfondiremo le strategie di comunicazione efficace in contesti diversi: dal lavoro all'ambiente digitale, dalla gestione dei conflitti all'arte del racconto. Affronteremo il potere trasformativo delle parole e il modo in cui possiamo utilizzarle per creare connessioni significative, ispirare azioni e promuovere il cambiamento.

Il fulcro del nostro dialogo sarà come applicare queste conoscenze nella vita quotidiana e come far sì che diventino naturali e spontanee. Attraverso esempi concreti, studi di caso e riflessioni, vi invitiamo a esercitare e a sperimentare con ciò che apprenderete. L'obiettivo non è solo diventare comunicatori competenti, ma coltivare una consapevolezza comunicativa che permei ogni aspetto della vostra interazione con il mondo.

Infine, il libro guarda al futuro, incoraggiandovi a rimanere studenti a vita dell'arte della comunicazione. In un'era di cambiamenti rapidi e spesso radicali, l'adattabilità e l'apprendimento continuo sono i migliori alleati per rimanere efficaci e pertinenti nei vostri sforzi comunicativi.

Questo capitolo introduttivo non è solo un antipasto, ma una promessa dell'avventura che vi attende. Il viaggio attraverso le pagine che seguono è progettato per essere tanto informativo quanto trasformativo. Con ogni capitolo, vi invitiamo a intraprendere un processo di esplorazione e scoperta, affrontando il complesso mondo della comunicazione con curiosità, apertura mentale e la volontà di crescere e di imparare. Benvenuti nel vostro percorso verso la maestria comunicativa.

Capitolo 1: L'Essenza delle Interazioni Umane

Le interazioni umane rappresentano il fondamento su cui poggia la struttura della società. Ogni scambio, dialogo o semplice gesto che scaturisce tra individui costituisce una minima tessera del complesso mosaico della nostra esistenza collettiva. Ma che cosa intendiamo, in concreto, quando parliamo di "interazioni umane"?

In termini generali, possiamo definire le interazioni umane come quel complesso di azioni e reazioni che si instaurano tra due o più persone quando si incontrano, sia esso un incontro fisico o virtuale. Queste possono assumere forme verbali, attraverso il linguaggio parlato, o non verbali, tramite il linguaggio del corpo o la comunicazione scritta.

L'importanza delle interazioni umane è multiforme e si dirama in diverse direzioni. Innanzitutto, esse sono veicolo di conoscenza reciproca. Attraverso lo scambio comunicativo, apprendiamo le intenzioni, i pensieri e i sentimenti altrui, e offriamo agli altri una finestra sul nostro mondo interiore. L'interazione è anche il mezzo principale attraverso il quale costruiamo e manteniamo le relazioni sociali, dalle più superficiali e momentanee fino ai legami profondi e duraturi.

Ma le interazioni umane non si fermano alla sfera personale; esse sono altresì essenziali in ambito professionale. Una comunicazione efficace può significare la differenza tra successo e fallimento in un negoziato, può influenzare l'esito di una presentazione o il tenore di una collaborazione lavorativa. Imparare a gestire le interazioni con colleghi, clienti e superiori è quindi un tassello fondamentale per la crescita professionale di un individuo.

Anche nella dimensione pubblica e politica, le interazioni umane assumono un ruolo cruciale. La capacità di un leader di comunicare in modo efficace, di instaurare un dialogo costruttivo con i cittadini e di negoziare con altre figure politiche è spesso determinante per la stabilità e il progresso di una comunità o di una nazione intera.

In una prospettiva più ampia, le interazioni umane contribuiscono alla creazione e al mantenimento della cultura. Ogni scambio, infatti, è intriso dei valori, delle credenze e delle norme sociali che caratterizzano una comunità. Attraverso la comunicazione, queste componenti culturali vengono trasmesse, modificate, sfidate o rinforzate, a seconda delle dinamiche interpersonali che si vengono a creare.

La nostra capacità di interagire efficacemente è poi intimamente legata al nostro benessere emotivo. Relazioni interpersonali soddisfacenti sono fonte di supporto, conforto e felicità, mentre difficoltà nelle interazioni possono portare a isolamento, conflitti e sofferenza psicologica. Questo rende lo studio e l'approfondimento delle dinamiche comunicative non solo un ambito di interesse accademico o professionale, ma un elemento chiave per il nostro sviluppo personale.

Scorrendo le pagine della storia, ci si imbatte in una narrazione affascinante: l'evoluzione della comunicazione umana. Questa storia inizia con i primi esseri umani che, nelle loro forme più rudimentali di espressione, utilizzavano suoni, gesti e simboli per comprendere e manipolare il loro ambiente. Si pensi agli antichi graffiti nelle caverne, dove ogni incisione e ogni schizzo di pigmento raccontava una storia di sopravvivenza, di battute di caccia, di divinità e di miti.

Con il procedere delle ere, la nostra specie ha sperimentato una rivoluzione comunicativa dopo l'altra. L'invenzione della scrittura è stata, senza dubbio, uno dei più grandi balzi in avanti, permettendo la registrazione e la trasmissione del pensiero umano attraverso le generazioni. Da qui, il cammino verso le complesse lingue strutturate che conosciamo oggi è stato rapido e inarrestabile. Ogni civiltà ha lasciato il proprio segno linguistico, influenzando la comunicazione successiva e contribuendo al vasto tessuto delle interazioni umane.

La stampa, nata in Estremo Oriente e perfezionata da Gutenberg nel XV secolo, ha diffuso il sapere, democratizzato l'accesso all'informazione e spianato la strada all'Illuminismo e alla modernità. Tale invenzione ha gettato le basi per una società sempre più informata e interconnessa, ponendo le premesse per una globalizzazione della comunicazione.

Nel corso del XX secolo, con l'avvento delle tecnologie di massa come la radio, il cinema e la televisione, la comunicazione ha assunto una dimensione collettiva e simultanea. Questi mezzi hanno influenzato non solo come riceviamo l'informazione, ma anche come la elaboriamo e reagiamo ad essa, trasformando la natura stessa delle interazioni sociali e politiche.

Il salto più recente nell'evoluzione comunicativa è stato digitale: internet e i social media hanno dato vita a una nuova era, nella quale ogni individuo può essere sia consumatore sia produttore di contenuti. La comunicazione è diventata istantanea, pervasiva e talvolta soverchiante. Abbiamo accesso a un flusso costante di informazioni e siamo in grado di interagire con persone dall'altra parte del globo con un semplice clic.

Questa trasformazione ha anche portato sfide significative. La sovrabbondanza di informazioni può creare confusione e distorsione, rendendo più difficile distinguere tra realtà e finzione. Le interazioni digitali, inoltre, hanno introdotto nuove dinamiche nella comprensione del linguaggio non verbale, come l'interpretazione di emoticon o il tempismo nella risposta a un messaggio.

Tuttavia, l'essenza della comunicazione (il bisogno umano di connettersi e interagire con gli altri) rimane immutata. Ogni nuova modalità comunicativa che abbiamo sviluppato nel corso della storia non ha fatto altro che espandere e arricchire questo bisogno fondamentale.

Riflettendo sulla storia della comunicazione, si comprende quanto sia essenziale adattare le proprie competenze comunicative al contesto storico e culturale.

Dopo aver percorso la strada dell'evoluzione della comunicazione, arriviamo al cuore delle interazioni umane: le teorie di base della comunicazione interpersonale. La comprensione di queste teorie è fondamentale per decifrare la complessità delle nostre connessioni quotidiane.

Una delle pietre miliari è la teoria della comunicazione lineare, dove il processo comunicativo è visto come unidirezionale: un mittente invia un messaggio a un ricevente attraverso un canale. Benché questa teoria fornisca una base semplice per capire la comunicazione, è evidente che in realtà questo processo è molto più complesso e meno meccanico.

Evolvendosi da questo modello, la teoria della comunicazione interazionale introduce la nozione di feedback, un elemento che trasforma la comunicazione in un processo bidirezionale. Il ricevente risponde al messaggio, influenzando a sua volta il mittente. Questo ciclo di messaggi e feedback è continuo e dinamico, con ogni partecipante che si alterna nei ruoli di mittente e ricevente.

Ma è con la teoria della comunicazione transazionale che si abbraccia pienamente la complessità delle interazioni umane. Questo modello si basa sull'idea che tutte le parti coinvolte nella comunicazione sono sia mittenti che riceventi simultaneamente, influenzando ed essendo influenzati in modo costante. Questa teoria riconosce l'importanza del contesto e la sovrapposizione dei campi esperienziali dei partecipanti che rende unica ogni interazione.

Al di là dei modelli, altre teorie esaminano gli aspetti più sottili delle interazioni umane. La teoria dell'attaccamento, ad esempio, esplora come le prime relazioni influenzino i nostri stili comunicativi. Le persone con un attaccamento sicuro tendono a comunicare in modo aperto ed efficace, mentre quelle con uno stile di attaccamento ansioso o evitante possono incontrare difficoltà nelle relazioni interpersonali.

La teoria della dissonanza cognitiva si addentra nella psiche umana, esaminando come tendiamo a cercare coerenza tra i nostri pensieri, parole e azioni. Quando c'è un disaccordo tra questi elementi, sperimentiamo una sorta di tensione psicologica che ci spinge a modificare la nostra comunicazione per ristabilire l'equilibrio.

L'analisi transazionale, poi, ci insegna a riconoscere i vari "stati dell'io" (genitore, adulto, bambino) che influenzano il modo in cui interagiamo con gli altri. Comprendendo e gestendo questi stati, possiamo comunicare in maniera più efficace e armoniosa.

Questi modelli e teorie non sono solo concetti astratti; sono strumenti che, una volta compresi e applicati, possono trasformare le nostre capacità comunicative. Ci permettono di navigare e gestire la complessità delle relazioni umane, dal lavoro alle amicizie, dalla famiglia ai rapporti amorosi.

Avendo gettato le basi teoriche della comunicazione, possiamo ora concentrarci sugli ostacoli che comunemente si frappongono in queste dinamiche, precludendo la strada verso una comunicazione efficace. Riconoscerli è il primo passo per superarli e, di conseguenza, migliorare la qualità delle nostre interazioni.

Una delle sfide più ovvie è la barriera linguistica. Questo non si riferisce solo alle diverse lingue, ma anche alle variazioni dialettali, al gergo professionale, agli slang e alle differenze nel significato e nella pronuncia delle parole. Queste discrepanze possono portare a fraintendimenti o a una comunicazione completamente inefficace se non vengono riconosciute e affrontate con chiarezza e pazienza.

Le percezioni soggettive giocano un ruolo significativo nella comunicazione. Ogni individuo filtra i messaggi attraverso le proprie esperienze, valori e pregiudizi. Questo può portare alla distorsione involontaria del significato originale, causando confusione e malintesi. L'autoconsapevolezza e l'empatia sono strumenti chiave per ridurre l'impatto di queste distorsioni.

Le emozioni possono sia arricchire che ostacolare la comunicazione. Quando le emozioni sopraffanno il messaggio che si intende trasmettere, possono emergere reazioni impulsive o difensive che impediscono un dialogo costruttivo. Imparare a gestire le emozioni e ad ascoltare con empatia sono abilità essenziali per mantenere la chiarezza e l'efficacia della comunicazione.

Nell'era dell'iperconnessione, siamo spesso sommersi da un eccesso di informazioni. Ciò può condurre a un sovraccarico che ci impedisce di processare efficacemente i messaggi, portando a una perdita di focus o all'ignorare completamente alcune comunicazioni. Imparare a gestire il flusso di informazioni è cruciale per preservare la chiarezza e l'efficacia comunicativa.

L'ascolto è metà della comunicazione, eppure, spesso è la parte più trascurata. Un ascolto superficiale porta a risposte inadeguate e a un'ulteriore distanza tra i comunicanti. Ascoltare attivamente, facendo domande e riflettendo sui messaggi ricevuti, è fondamentale per costruire un dialogo significativo.

Condizioni ambientali come rumore di fondo, distanza fisica o una connessione Internet instabile possono influenzare negativamente la qualità della comunicazione. È importante riconoscere e adattarsi a queste condizioni per assicurarsi che il messaggio sia ricevuto nel modo più chiaro possibile.

Superare questi ostacoli richiede una comprensione approfondita delle dinamiche comunicative e l'applicazione di strategie mirate. Il passo successivo sarà quello di esaminare come possiamo sviluppare l'autoconsapevolezza nelle interazioni, una competenza che ci consente di riconoscere e regolare i nostri comportamenti comunicativi in risposta a questi ostacoli.

Dopo aver identificato gli ostacoli che possono distorcere e ostacolare il processo comunicativo, emerge con chiarezza che la consapevolezza di sé è la pietra angolare di tutte le interazioni umane efficaci. L'autoconsapevolezza ci permette di comprendere come le nostre parole, i nostri toni di voce e i nostri comportamenti influenzino coloro che ci circondano. Sviluppare questa competenza richiede riflessione, pratica e un impegno costante, ma i benefici in termini di relazioni interpersonali sono inestimabili.

Per sviluppare l'autoconsapevolezza è indispensabile dedicare tempo all'introspezione. Questo processo di riflessione interna ci consente di esplorare le nostre motivazioni più profonde, le reazioni emotive e i modelli di pensiero. Diari e journaling possono servire come potenti strumenti per documentare e analizzare le nostre esperienze comunicative, permettendoci di identificare schemi e abitudini.

Mentre l'introspezione ci permette di scrutare all'interno, il feedback esterno ci offre una prospettiva sulla nostra comunicazione vista dall'esterno. Raccogliere e valutare i feedback in modo aperto e non difensivo è essenziale per guadagnare insight su come siamo percepiti dagli altri. Questo può richiedere umiltà e vulnerabilità, ma i miglioramenti che ne derivano possono essere straordinari.

Una componente critica dell'autoconsapevolezza è la consapevolezza emotiva, ovvero la capacità di riconoscere e comprendere le proprie emozioni e come esse influenzano la comunicazione. Sviluppare l'intelligenza emotiva può migliorare significativamente la qualità delle interazioni, permettendoci di rispondere piuttosto che reagire impulsivamente.

I nostri valori e credenze centrali fungono da filtri attraverso cui percepiamo il mondo e interpretiamo i messaggi. Essere consci di questi filtri ci permette di comunicare più autenticamente e di evitare distorsioni nelle nostre interpretazioni. Imparare a riconoscere quando i nostri valori entrano in conflitto con quelli altrui è fondamentale per negoziare significati condivisi e trovare terreno comune.

La capacità di osservarsi durante le interazioni e di adattare il proprio comportamento in tempo reale è una competenza avanzata di autoconsapevolezza. Ciò richiede un'alta concentrazione e la capacità di essere presenti nel momento, monitorando e regolando attivamente la nostra comunicazione per allinearla agli obiettivi dell'interazione.

Infine, come ogni abilità, l'autoconsapevolezza richiede pratica. Role-play, simulazioni ed esercizi di mindfulness sono solo alcuni esempi di come si possa allenare questa competenza. Imparare a prestare attenzione non solo alle parole ma anche al linguaggio del corpo e alle risposte emotive può trasformare completamente la nostra comunicazione.

<u>Capitolo 2: I Principi Fondamentali della Comunicazione Efficace</u>

L'ascolto attivo ed empatico rappresenta il fulcro della comunicazione efficace. Non si tratta soltanto di udire le parole dell'altro, ma di comprendere pienamente il messaggio trasmesso, sia a livello di contenuto che di emozioni. L'ascolto attivo implica un impegno totale: richiede di mettere da parte, per un momento, i propri pensieri e preoccupazioni per essere completamente presenti con l'interlocutore.

L'ascolto attivo si manifesta attraverso comportamenti e atteggiamenti specifici. Nell'ascoltare attivamente, manteniamo un contatto visivo adeguato, annuiamo e facciamo gesti che mostrano che stiamo seguendo il discorso. Inoltre, è essenziale evitare di interrompere mentre l'altro sta parlando e porre domande pertinenti che dimostrino il nostro interesse e la nostra comprensione. Queste azioni non solo rafforzano il legame comunicativo ma anche trasmettono rispetto e considerazione per il parlante.

Andando oltre la semplice attenzione, l'ascolto empatico si addentra nella dimensione emotiva dell'interazione. Qui, l'obiettivo è di sintonizzarsi con i sentimenti e le emozioni dell'altro, cercando di vedere il mondo dal suo punto di vista. Questa forma di ascolto crea un ambiente di sostegno in cui l'altro si sente compreso e valorizzato. Per esercitare l'ascolto empatico, occorre praticare l'empatia cognitiva e affettiva: comprendere l'esperienza altrui e connettersi emotivamente con essa.

Numerose barriere possono impedire l'ascolto attivo ed empatico. Distrazioni ambientali, pregiudizi personali e ansia da prestazione sono soltanto alcune delle sfide da superare. Essere consapevoli di queste barriere è il primo passo per poterle eliminare e per migliorare la qualità dell'ascolto.

Contrariamente a quanto comunemente si pensa, l'ascolto non è un processo passivo. Ascoltare attivamente significa essere coinvolti attivamente nel dialogo. Non è raro che, durante una conversazione, una persona si limiti a pianificare la propria risposta anziché ascoltare veramente. L'ascolto attivo ed empatico, invece, richiede di sospendere questo meccanismo per dedicarsi completamente al comprender l'altra persona.

Strumenti efficaci dell'ascolto attivo includono il rispecchiamento e la parafrasi. Rispecchiare significa ripetere le parole dell'interlocutore, mentre parafrasare implica riformulare con le proprie parole ciò che è stato detto per dimostrare comprensione. Queste tecniche non solo aiutano l'ascoltatore a chiarire il messaggio, ma rassicurano anche il parlante della corretta ricezione delle sue parole.

Quando padroneggiato, l'ascolto attivo ed empatico ha un impatto profondo sulle relazioni interpersonali. Migliora la fiducia, costruisce la comprensione reciproca e risolve conflitti. È una competenza che trascende il semplice scambio informativo e che permette la creazione di un vero collegamento umano.

In conclusione, ricordiamo che l'ascolto attivo ed empatico pone le fondamenta su cui si erige ogni forma di dialogo costruttivo. È la tela sulla quale i colori della nostra espressione trovano spazio e risonanza, e senza la quale la comunicazione perde la sua più profonda ragione d'essere: quella di connettere esseri umani oltre le parole.

Dopo aver esplorato l'importanza dell'ascolto attivo ed empatico, è naturale volgersi verso l'arte dell'espressione. Parlare con chiarezza e concisione non è solo un segno di rispetto per l'interlocutore, ma è anche il mezzo attraverso il quale i nostri pensieri e le nostre idee si trasformano in parole che hanno l'impulso e la precisione per essere comprese senza ambiguità. La chiarezza nel parlare è un ponte che collega il mondo interiore con quello esteriore, e la concisione è il materiale che lo rende forte e percorribile.

Chiarezza significa usare parole semplici e dirette, evitando jargon o linguaggio troppo tecnico che potrebbe confondere chi ascolta. Si tratta di esprimere i propri pensieri in modo che siano immediatamente comprensibili. Questo non significa ridurre la complessità delle nostre idee, ma piuttosto presentarle in una forma accessibile. Ogni frase dovrebbe essere una pietra posata con cura nel percorso della comprensione.

La concisione si riferisce all'abilità di esprimere un concetto senza sovrabbondanze verbali. In un'epoca di sovraccarico informativo, essere capaci di comunicare rapidamente il nucleo di un'idea è di fondamentale importanza. Ciò non significa affrettare il proprio discorso o omettere dettagli critici, ma piuttosto avere l'abilità di discernere e trasmettere l'essenza del proprio messaggio.

Uno degli strumenti più efficaci per raggiungere chiarezza e concisione è la preparazione. Prima di parlare, è utile prendere un momento per organizzare i propri pensieri. Qual è il messaggio principale? Quali sono i punti chiave che supportano questo messaggio? Quali esempi o analogie possono rendere il concetto più vivido? Una preparazione adeguata può trasformare un discorso potenzialmente confuso in un messaggio limpido e convincente.

Il grado di chiarezza e concisione richiesto può variare a seconda dell'uditorio. Parlare a un gruppo di specialisti potrebbe richiedere l'uso di termini tecnici, mentre un pubblico generico beneficerà di un linguaggio più semplice e di illustrazioni concrete. La capacità di adattare il proprio linguaggio senza perdere in precisione è una sfida che richiede sensibilità e intelligenza comunicativa.

A volte, la chiarezza e la concisione possono essere potenziate dall'uso di supporti visivi o schemi. Diagrammi, immagini, o slide possono fungere da ancoraggi visivi che consolidano la comprensione. Tuttavia, è importante che questi strumenti non sovrastino o complichi il messaggio, ma che lo arricchiscano e lo rendano più accessibile.

Come abbiamo visto nell'ascolto attivo, il feedback è vitale. Richiedere e interpretare il feedback ci permette di valutare la chiarezza e l'efficacia del nostro messaggio. Quando possibile, incoraggiare domande può servire sia a chiarire eventuali dubbi sia a raffinare la nostra capacità di esprimersi con chiarezza e concisione.

In conclusione, la chiarezza e la concisione nel parlare sono le gemelle della comunicazione efficace. Mentre l'ascolto crea il terreno fertile per la connessione, la chiarezza e la concisione seminano i semi di un'interazione feconda e fruttuosa.

Con la chiarezza e la concisione saldamente radicate nelle nostre abilità comunicative, il passo successivo è capire come il feedback costruttivo possa agire come un catalizzatore per il miglioramento e l'apprendimento continuo. Il feedback costruttivo è come un ponte tra la nostra percezione e quella altrui, un ponte che, se attraversato con attenzione, può portare a un aumento della comprensione reciproca e a relazioni più forti e produttive.

Feedback costruttivo significa fornire opinioni o critiche che hanno come scopo principale il miglioramento e lo sviluppo. Questo tipo di feedback è essenziale perché incoraggia una mentalità di crescita, incentiva l'auto-riflessione e promuove il cambiamento positivo. È un dialogo bidirezionale, un dare e ricevere che richiede apertura e vulnerabilità da entrambe le parti.

Quando si dà feedback, è cruciale essere specifici e focalizzarsi su esempi concreti piuttosto che su generalizzazioni. Iniziare con un riconoscimento di ciò che funziona bene pone le basi per un contesto positivo, riducendo la difensività e aprendo la strada all'accettazione di suggerimenti e critiche. L'espressione del feedback dovrebbe essere diretta ma gentile, mirando a offrire soluzioni e alternative piuttosto che a semplici giudizi.

Ricevere feedback richiede altrettanta abilità quanto darlo. Ascoltare attivamente, senza interrompere o giustificarsi, mostra rispetto per l'altrui punto di vista e permette una comprensione completa del messaggio ricevuto. È importante ricordare che il feedback non è un attacco personale, ma uno strumento per la crescita personale e professionale.

La tempistica è tutto. Feedback troppo frequenti possono diventare opprimenti, mentre quelli troppo sporadici possono non essere sufficienti per sostenere un miglioramento continuo. Occorre trovare un equilibrio, considerando il momento più opportuno in cui l'individuo è più ricettivo e il contesto è favorevole per l'apprendimento.

L'empatia gioca un ruolo cruciale nel processo di feedback. Mettersi nei panni dell'altro aiuta a capire il modo migliore di presentare il feedback e aumenta la probabilità che questo venga accolto in maniera costruttiva. La comunicazione non verbale è altrettanto importante; il contatto visivo, il tono della voce e il linguaggio del corpo devono trasmettere sostegno e incoraggiamento.

Un ambiente in cui le persone si sentono sicure di esprimere pensieri e opinioni senza timore di ripercussioni negative è fondamentale per un feedback efficace. Coltivare una cultura della fiducia e del supporto reciproco può trasformare il feedback da una potenziale fonte di ansia in un'opportunità attesa e benvenuta per l'auto-miglioramento.

In sintesi, il feedback costruttivo è un mezzo potente per stimolare il miglioramento personale e rafforzare le relazioni interpersonali. È una pratica comunicativa che, se attuata con cura e rispetto, può elevare le nostre interazioni a un livello di efficacia e soddisfazione mai raggiunto prima.

Dopo aver esplorato l'importanza del feedback costruttivo, ci troviamo di fronte a una nuova sfida comunicativa: l'adattamento del nostro messaggio al contesto e al pubblico. In questa sezione, approfondiremo le dinamiche di questo processo e capiremo come la nostra capacità di calibrare la comunicazione possa incrementare la sua efficacia.

La comunicazione non avviene mai in un vuoto: è sempre radicata in un contesto specifico. Che si tratti di un incontro d'affari, di una lezione universitaria o di una conversazione informale, ogni situazione impone parametri diversi su come dovremmo formulare e consegnare il nostro messaggio. Questo richiede un'analisi attenta del contesto: dobbiamo considerare fattori come il luogo, il tempo, lo scopo dell'incontro e le dinamiche preesistenti tra i partecipanti.

Altrettanto importante è la comprensione del pubblico. Un buon comunicatore sa che un messaggio efficace deve risuonare con gli ascoltatori. Ciò richiede una profonda comprensione di chi sono, quali sono le loro aspettative, preoccupazioni, livelli di conoscenza sull'argomento trattato e, soprattutto, quali sono i loro valori e convinzioni. Solo attraverso questa comprensione possiamo sperare di renderli recettivi al nostro messaggio.

A seconda del pubblico e del contesto, è spesso necessario adattare il nostro linguaggio e stile di comunicazione. Un linguaggio tecnico può essere appropriato per un seminario specialistico, ma controproducente in una riunione con clienti non esperti. Allo stesso modo, uno stile formale può essere percepito come rispettoso in alcuni ambienti professionali, ma distante o addirittura alienante in contesti più rilassati o personali.

Storie e aneddoti possono essere strumenti potenti per connettersi con il pubblico. La narrazione crea un terreno comune e rende il messaggio più memorabile. Adattare queste storie per risonare con le esperienze specifiche del nostro pubblico può aumentare notevolmente l'impatto emotivo del nostro messaggio.

Non è solo una questione di parole. Il supporto visivo, come presentazioni o infografiche, dovrebbe essere personalizzato in base al contesto e alla capacità del pubblico di assimilare informazioni visive. Allo stesso modo, la nostra comunicazione non verbale - il contatto visivo, il linguaggio del corpo, e l'espressione facciale - devono essere allineati con il tono del nostro messaggio.

Non possiamo parlare di adattamento del messaggio senza menzionare nuovamente il feedback. È attraverso il feedback ricevuto che possiamo affinare e migliorare la nostra capacità di adattamento. I segnali ricevuti dagli ascoltatori durante e dopo la nostra comunicazione servono come guida preziosa per la calibrazione futura dei nostri messaggi.

Adattare il messaggio al contesto e al pubblico è una competenza sofisticata, che richiede empatia, flessibilità e una comprensione approfondita di una vasta gamma di dinamiche comunicative. Incarnare questa abilità significa non solo essere ascoltati, ma essere compresi a livello più profondo, stabilendo una connessione genuina con il nostro pubblico.

Quando ci immergiamo nella complessità della comunicazione, comprendiamo presto che le parole che scegliamo sono solo la cima dell'iceberg. La coerenza verbale e non verbale è cruciale per trasmettere un messaggio convincente e credibile. In questo segmento, approfondiremo il significato e l'importanza di allineare il nostro linguaggio verbale con la comunicazione non verbale.

Il linguaggio non verbale include gesti, espressioni facciali, postura, tono di voce e altri segnali visivi o acustici che accompagnano le parole. Questi segnali possono amplificare, contraddire o sottolineare il messaggio verbale. Per esempio, un sorriso può intensificare un complimento, mentre un sorriso sarcastico può invertirne il significato. La coerenza tra verbale e non verbale è quindi fondamentale per trasmettere sincerità e chiarezza.

La coerenza si raggiunge quando i messaggi verbali e non verbali sono sincronizzati. Se stiamo parlando di un argomento serio o delicato, il nostro tono dovrebbe essere sommesso e rispettoso, e la nostra postura dovrebbe riflettere apertura e attenzione. Se il nostro corpo emette segnali che contraddicono le parole, gli ascoltatori possono sentirsi confusi o persino diffidenti nei confronti del messaggio trasmesso.

Le persone sono naturalmente dotate di una sensibilità acuta verso l'autenticità. Quando c'è una discrepanza tra verbale e non verbale, i nostri interlocutori possono mettere in dubbio la nostra sincerità. In contrasto, una coerenza evidente tra ciò che diciamo e come lo diciamo costruisce fiducia e credibilità. Questo aspetto è particolarmente rilevante in situazioni di leadership, dove l'integrità e l'affidabilità sono fondamentali.

L'empatia si manifesta fortemente attraverso la comunicazione non verbale. Mostrare empatia con un tono di voce compassionevole o un tocco rassicurante può andare molto più in là delle parole di conforto. Quando siamo in grado di allineare le nostre espressioni emotive non verbali con il nostro discorso, creiamo una connessione emotiva più profonda con il nostro pubblico.

Nel percorso verso la coerenza comunicativa, è inevitabile incontrare momenti di incongruenza. L'autoconsapevolezza e la capacità di autovalutazione sono essenziali per identificare e correggere questi momenti. Il feedback diventa ancora una volta uno strumento cruciale per comprendere come gli altri percepiscono la nostra comunicazione e per affinare le nostre abilità.

Sviluppare la coerenza tra comunicazione verbale e non verbale è una competenza che può essere affinata con la pratica. Tecniche di role-playing, la registrazione e revisione di discorsi o presentazioni, e l'attenta osservazione di comunicatori efficaci sono tutti metodi utili per migliorare.

La coerenza tra i canali di comunicazione verbale e non verbale è essenziale per il successo nel trasmettere messaggi chiari e per essere percepiti come autentici. Questa abilità non è solo un aspetto fondamentale della comunicazione personale, ma è un elemento chiave nel mondo professionale, educativo e sociale.

Capitolo 3: Comprendere il Linguaggio del Corpo

Il linguaggio del corpo è una componente fondamentale della comunicazione umana. Spesso, comunichiamo più con i gesti e le espressioni che con le parole. Questa sezione delibera sulla natura del linguaggio del corpo, esplorando la sua definizione, il suo impatto nella comunicazione e le basi per la sua interpretazione.

Il linguaggio del corpo comprende tutte le espressioni non verbali che utilizziamo nella comunicazione: posture, movimenti, contatto visivo, espressioni facciali, gesti delle mani e spostamenti del corpo. Questi elementi possono trasmettere sentimenti e intenzioni, spesso più eloquentemente delle parole. Per esempio, un braccio teso con il palmo aperto può segnalare un benvenuto o una richiesta di attenzione, mentre le braccia incrociate possono indicare resistenza o difesa.

Il linguaggio del corpo gioca un ruolo cruciale nel definire il tono di una conversazione. Può rafforzare il messaggio che vogliamo trasmettere o, al contrario, può svelare incertezze e bugie. Secondo diversi studi, la componente non verbale della comunicazione può costituire fino al 70% di ciò che viene effettivamente "detto" in una conversazione. Questo rende il linguaggio del corpo un potente strumento di comunicazione che può sia costruire che distruggere la percezione di autenticità e fiducia.

Per interpretare correttamente il linguaggio del corpo, bisogna sviluppare una sensibilità al contesto e alle sottigliezze del comportamento umano. Una stretta di mano ferma può comunicare sicurezza, mentre una stretta di mano debole può trasmettere esitazione o mancanza di entusiasmo. Tuttavia, è importante non saltare a conclusioni affrettate basate su un singolo gesto o espressione; piuttosto, è necessario considerare l'intero insieme di segnali non verbali in relazione al contesto e al contenuto verbale.

Il contesto è essenziale per l'interpretazione del linguaggio del corpo. Gesti che in un ambiente possono essere considerati amichevoli, in un altro possono essere visti come inappropriati o offensivi. Analogamente, la coerenza tra linguaggio verbale e non verbale è indicativa dell'integrità del messaggio. Disallineamenti possono segnalare menzogna, incongruenza emotiva o sarcasmo.

Ogni individuo esprime il proprio linguaggio del corpo in modo unico. Ciò è dovuto a differenze personali, contesti culturali e situazioni sociali. Allo stesso modo, ciò che è accettabile in una cultura può essere tabù in un'altra. Comprendere queste differenze è essenziale per interpretare correttamente il linguaggio del corpo in un contesto globale.

Il linguaggio del corpo è una forma di comunicazione silenziosa ma incredibilmente eloquente. È un insieme complesso di segnali che, se interpretati correttamente, possono rivelare le vere emozioni e intenzioni di una persona. Inoltre, possono fornire feedback immediato sul modo in cui i nostri messaggi sono ricevuti, permettendoci di adeguare la nostra comunicazione di conseguenza. Comprendere i fondamenti del linguaggio del corpo è il primo passo verso una più profonda consapevolezza interpersonale e un miglioramento della nostra capacità di interagire efficacemente con gli altri.

L'interpretazione dei segnali non verbali è una competenza cruciale nella decodifica del linguaggio del corpo, offrendoci una comprensione più ricca e profonda delle interazioni umane. La capacità di leggere questi segnali può arricchire la nostra comunicazione, permettendoci di rispondere in modo più adeguato alle esigenze e sentimenti degli altri.

I segnali non verbali comprendono una varietà di espressioni e comportamenti. Per esempio, il contatto visivo può indicare interesse, sicurezza o sfida, mentre l'evitare lo sguardo può essere segno di timidezza, disagio o disonestà. I gesti, come il cenno del capo, possono segnalare accordo o incoraggiamento, mentre i movimenti delle braccia o delle mani possono essere usati per sottolineare un punto o indicare direzione e desiderio.

Interpretare questi segnali richiede attenzione e comprensione del contesto. Per esempio, una persona che incrocia le braccia durante una conversazione può essere percepita come difensiva o chiusa. Tuttavia, se la stanza è fredda, tale gesto potrebbe semplicemente indicare un tentativo di riscaldarsi.

La sincronizzazione tra individui, nota come 'mirroring', è un indicatore di empatia e accordo. Quando le persone si trovano su una lunghezza d'onda simile, tendono a riflettere inconsciamente la postura, i gesti e le espressioni facciali l'uno dell'altro. La congruenza si verifica quando il linguaggio verbale e non verbale di una persona sono allineati, conferendo autenticità e credibilità al messaggio.

Le microespressioni sono brevi, involontarie espressioni facciali che esprimono le emozioni vere di una persona, spesso prima che possa mascherarle. Una comprensione delle microespressioni può rivelare emozioni nascoste come la gioia, la tristezza, la rabbia, il disgusto, la paura e la sorpresa, fornendo indizi essenziali per comprendere i sentimenti reali di una persona.

La prima impressione è fortemente influenzata dal linguaggio del corpo. Una postura aperta e rilassata può fare una buona impressione, mentre una postura chiusa o un'eccessiva rigidità possono creare un'impressione negativa. Aprendo la nostra postura, utilizzando gesti inclusivi e mantenendo un contatto visivo equilibrato, possiamo trasmettere apertura e fiducia.

Una delle principali sfide nell'interpretazione dei segnali non verbali è la sovrapposizione e l'ambiguità. Lo stesso gesto può significare cose diverse in diversi contesti o culture. Per questo motivo, diventa cruciale affinare la nostra capacità di osservazione e il nostro intuito sociale per valutare correttamente le situazioni.

La capacità di interpretare accuratamente i segnali non verbali apre una finestra sulle intenzioni e le emozioni degli altri, potenziando la nostra competenza comunicativa. Con la pratica, possiamo imparare a cogliere i segnali sottili che le parole non possono esprimere, migliorando così la nostra capacità di interazione e la nostra intelligenza emotiva. Questa sensibilità non verbale è particolarmente preziosa in situazioni in cui le parole sono limitate o assenti.

La relazione tra linguaggio del corpo e disonestà è stata ampiamente esplorata, dando vita a una vasta gamma di teorie e credenze popolari. Da un lato, c'è l'assunto diffuso che i bugiardi evitino il contatto visivo, si dimenino o tocchino il viso. Dall'altro, la scienza comportamentale moderna suggerisce una realtà molto più complessa. In questo capitolo, esploreremo la verità su come il linguaggio del corpo possa indicare una menzogna e come possa essere interpretato in modo errato.

Il collegamento tra linguaggio del corpo e menzogna non è così diretto come potremmo pensare. Non esiste un segnale non verbale universale che denoti disonestà. Anzi, gli studi hanno dimostrato che alcuni individui possono mantenere un contatto visivo stabile anche quando mentono, sfatando il mito che guardare via sia un indicatore affidabile di menzogna. Allo stesso modo, i nervosismi o i tic possono essere semplicemente manifestazioni di ansia piuttosto che segnali di inganno.

Le microespressioni possono a volte svelare incongruenze tra ciò che una persona dice e ciò che realmente prova, offrendo potenziali indizi di disonestà. Tuttavia, interpretare queste espressioni richiede una formazione specializzata e persino gli esperti possono essere suscettibili a errori. Inoltre, le microespressioni non sono esclusive delle menzogne; possono anche emergere in situazioni di stress o di imbarazzo senza alcuna intenzione di ingannare.

Gli individui che mentono di frequente, come gli imbroglioni o gli agenti sotto copertura, possono sviluppare la capacità di controllare il loro linguaggio del corpo per non rivelare i loro inganni.

Questo solleva questioni intriganti sul rapporto tra linguaggio del corpo e menzogna: se la disonestà può essere camuffata, fino a che punto possiamo affidarci ai segnali non verbali?

L'interpretazione del linguaggio del corpo deve sempre tenere conto del contesto. Un individuo che incrocia le braccia durante un interrogatorio potrebbe sembrare che stia nascondendo qualcosa, ma se la stanza è fredda o se è una sua abitudine posturale, allora il gesto potrebbe non avere nulla a che fare con la menzogna.

Nel campo dell'interrogatorio legale e della sicurezza, gli esperti sono addestrati a cercare serie di segnali non verbali piuttosto che singoli indicatori per determinare la veridicità. Tuttavia, è ampiamente riconosciuto che non esiste un metodo infallibile per rilevare una menzogna esclusivamente tramite il linguaggio del corpo.

Per interpretare correttamente i segnali non verbali associati alla menzogna, è necessaria una formazione specifica. Questo addestramento può aumentare la consapevolezza delle proprie inclinazioni cognitive e dei bias, migliorando la capacità di discernimento.

Nonostante la popolare rappresentazione dei bugiardi come facilmente riconoscibili dai loro segnali non verbali, la realtà è che la menzogna è un fenomeno complesso che sfugge a una lettura facile. È importante accostarsi all'interpretazione del linguaggio del corpo con uno spirito critico, consapevoli delle sue limitazioni e della necessità di una valutazione olistica e contestualizzata.

La comunicazione non verbale è una componente essenziale dell'interazione umana, a volte persino più eloquente delle parole stesse. Essa comprende vari aspetti come espressioni facciali, postura, gestualità, contatto visivo e tono della voce. Migliorare questi aspetti può portare a interazioni più significative e costruttive. In questo capitolo, esploreremo le strategie per affinare la nostra comunicazione non verbale.

Il primo passo verso il miglioramento è la consapevolezza di sé. Questo include prendere atto di come i nostri gesti, espressioni e postura comunicano i nostri sentimenti e intenzioni agli altri. L'auto-osservazione può essere migliorata attraverso l'esercizio della mindfulness e la riflessione, considerando come il nostro linguaggio del corpo si modifica in situazioni diverse e rispetto a diverse persone.

È fondamentale che ci sia coerenza tra ciò che diciamo e il nostro linguaggio del corpo. Disallineamenti possono creare confusione, diffidenza e ambiguità. Praticare l'allineamento dei messaggi verbali con i segnali non verbali può aiutare a rafforzare la fiducia e l'autenticità nei rapporti interpersonali.

Una postura aperta e assertiva può comunicare sicurezza e apertura. Al contrario, una postura chiusa o ritirata può trasmettere insicurezza o disinteresse. È utile esercitarsi a mantenere una postura che sia più rilassata che impegnata, che promuova un ambiente di facilità e apertura nei dialoghi.

Il contatto visivo è fondamentale per stabilire una connessione con il nostro interlocutore. Tuttavia, deve essere equilibrato; troppo poco può sembrare elusivo, troppo può sembrare intimidatorio. L'obiettivo è di mantenere un contatto visivo che sia rispettoso e che rifletta l'interesse e l'attenzione verso l'altro.

I gesti possono sottolineare e rafforzare ciò che viene detto. Tuttavia, gesti eccessivi o inappropriati possono distrarre o addirittura contraddire il messaggio verbale. Praticare gesti che siano naturali e in armonia con il discorso aiuta a chiarire e a valorizzare il messaggio.

Le espressioni del viso sono particolarmente potenti nell'esprimere emozioni e reazioni. Essere consapevoli delle proprie espressioni facciali e coltivare la capacità di utilizzarle in modo congruente con i messaggi verbali può rafforzare enormemente la comunicazione.

Una parte spesso trascurata della comunicazione non verbale è la nostra reattività all'interlocutore. L'ascolto attivo non è solo una questione di seguire con l'udito, ma anche di mostrare con il nostro corpo che siamo coinvolti e interessati a ciò che l'altro sta dicendo.

Infine, è importante ricevere feedback sul nostro linguaggio del corpo e adattarci di conseguenza. Ciò può provenire dall'autovalutazione, dalla riflessione o dalle reazioni degli altri.

Migliorare la comunicazione non verbale richiede impegno e pratica continua. È un processo che coinvolge non solo la comprensione e il controllo dei propri segnali non verbali, ma anche la sensibilità e l'adattabilità alle esigenze comunicative degli altri.

Il linguaggio del corpo, parte intrinseca della comunicazione non verbale, varia significativamente da una cultura all'altra. Comprendere queste differenze è essenziale per una comunicazione efficace e rispettosa in un contesto globale.

Le variazioni culturali influenzano l'interpretazione di gesti, espressioni facciali, contatto visivo, prossimità personale e altri aspetti del linguaggio del corpo. Per esempio, un cenno affermativo con la testa significa 'sì' in molte culture occidentali, mentre in alcune parti dell'India può significare 'no' o 'capisco'.

Il contatto visivo può essere un segno di rispetto e attenzione in molte culture occidentali, ma in alcune culture asiatiche e africane, un contatto visivo prolungato con una figura di autorità può essere considerato maleducato o sfidante. In Giappone, per esempio, tende a essere meno diretto per mostrare rispetto, soprattutto in contesti formali.

Gesti comuni come il pollice in alto o il segno V della vittoria hanno significati molto diversi in culture diverse. Mentre in alcuni contesti questi possono essere positivi, in altri possono essere offensivi. È quindi fondamentale informarsi sul significato dei gesti prima di utilizzarli in un contesto interculturale.

Le norme riguardanti la prossimità personale e il contatto fisico variano notevolmente. Ciò che è considerato uno spazio personale accettabile in un paese può essere percepito come invasivo in un altro. Allo stesso modo, il contatto fisico, come stringere la mano o abbracciare, può essere un comune segno di cordialità in alcune culture, mentre in altre può essere riservato solo a familiari o amici intimi.

Anche se le espressioni facciali di base per emozioni come gioia, tristezza e paura tendono ad essere universali, il modo in cui queste espressioni vengono controllate o esibite pubblicamente varia. In culture che valorizzano la riservatezza, come il Giappone, le manifestazioni esterne di emozione tendono ad essere meno evidenti rispetto a culture più espressive, come l'Italia o il Brasile.

Il contesto sociale gioca un ruolo cruciale nell'uso del linguaggio del corpo. Quello che è appropriato in una situazione informale potrebbe non esserlo in una formale. La consapevolezza del contesto e l'osservanza delle norme sociali locali possono aiutare a evitare malintesi.

Adattarsi ed essere sensibili alle norme culturali richiede flessibilità e attenzione. Quando ci si immerge in una nuova cultura, è utile osservare e imparare dai locali. Chiedere chiarimenti ed essere aperti all'apprendimento possono prevenire imbarazzi e incoraggiare rapporti interculturali positivi.

Comprendere il linguaggio del corpo nelle diverse culture non è solo una questione di evitare passi falsi, ma è anche una porta verso relazioni interpersonali più profonde e un più autentico scambio interculturale. Con una mente aperta e una disposizione all'apprendimento, possiamo arricchire la nostra capacità comunicativa e diventare cittadini globali più consapevoli.

Capitolo 4: Relazioni Interpersonali: Costruzione e Manutenzione

La formazione delle relazioni interpersonali è un processo complesso e sfaccettato che si dipana attraverso vari stadi, da sconosciuti a intimi compagni di vita.

Il viaggio verso la formazione di una relazione inizia con l'attrazione iniziale, che può essere fisica, emotiva, intellettuale o una combinazione di queste. Questa attrazione è spesso influenzata da fattori come la vicinanza, la familiarità e la somiglianza in termini di valori e interessi. La prima impressione ha un ruolo cruciale, poiché le persone tendono a essere attratte da chi appare amichevole, accessibile e simile a loro stessi.

Una volta che l'attrazione è stata stabilita, le persone entrano nella fase di conoscenza, dove condividono informazioni su sé stesse e scoprono interessi e valori comuni. Comunicare efficacemente e mostrare ascolto attivo e empatia sono fondamentali in questa fase. Le piccole auto-rivelazioni possono stimolare reciprocità e costruire fiducia.

La fiducia è la colonna portante di ogni relazione sana. Si sviluppa nel tempo attraverso interazioni coerenti e prevedibili. Mostrare affidabilità, mantenere promesse e rispettare la confidenzialità contribuiscono a creare un solido fondamento di fiducia. In questa fase, le persone valutano la loro compatibilità e se i benefici della relazione superano i costi emotivi, temporali e talvolta finanziari.

Con la crescita della fiducia, si approfondisce l'intimità. Questa non implica necessariamente un'intimità fisica, ma piuttosto una condivisione di pensieri e sentimenti più personali e significativi. Questa profondità emotiva si manifesta attraverso una maggiore vulnerabilità e la capacità di essere veramente se stessi con l'altra persona, accettandosi a vicenda per chi si è, difetti inclusi.

La stabilizzazione della relazione avviene quando entrambe le parti hanno una comprensione chiara e accettano il carattere e il corso della loro relazione. L'impegno diventa quindi la forza trainante, portando all'investimento di tempo, sforzi e risorse emotive. L'attuazione di piani condivisi e la costruzione di un futuro comune possono essere segni di questa fase, che prelude ad un legame duraturo.

Il processo di formazione delle relazioni non è isolato e viene influenzato dal contesto sociale e personale. Amici, famiglia, esperienze passate e le circostanze attuali giocano tutti un ruolo nel modellare come le relazioni si formano e si sviluppano.

Comprendere il processo di formazione delle relazioni aiuta gli individui a navigare meglio le complessità del mondo sociale. Mentre ogni relazione è unica e segue il proprio percorso, le fasi descritte offrono una mappa che può guidare le persone attraverso il viaggio da una conoscenza superficiale a un legame profondo e significativo.

Mantenere relazioni sane e durature è un obiettivo che richiede impegno e consapevolezza continua. Dopo aver attraversato le fasi iniziali di formazione, è fondamentale adottare comportamenti e atteggiamenti che nutrano e rafforzino il legame a lungo termine. In questo contesto, si presenteranno strategie e considerazioni per coltivare relazioni che non solo sopravvivano ma prosperino nel tempo.

Al centro di ogni relazione sana vi è la comunicazione. È essenziale non solo parlare ma anche ascoltare attivamente. L'ascolto attivo coinvolge l'essere presenti nel momento, offrendo feedback verbale e non verbale che dimostri la comprensione dei pensieri e dei sentimenti dell'altro. Importante è anche la capacità di comunicare in modo aperto ed onesto, esprimendo i propri bisogni e desideri senza timore di giudizio.

Il rispetto è un'altra pietra miliare. Rispettare l'altro significa valorizzare le loro opinioni, sentimenti e bisogni. Si riflette nel dare spazio alla crescita individuale di ciascuno all'interno della relazione, riconoscendo che ognuno ha la propria individualità e può avere interessi e aspirazioni che non sempre coincidono con quelli dell'altro.

Offrire supporto e mostrarsi solidali nei momenti di difficoltà consolida la relazione. Questo comporta essere lì per l'altro nei momenti bui tanto quanto in quelli felici, dimostrando che si può fare affidamento l'uno sull'altro. Il supporto può manifestarsi attraverso azioni, parole di incoraggiamento o semplicemente attraverso una presenza confortante.

Le relazioni sono dinamiche e richiedono flessibilità per adattarsi ai cambiamenti che la vita porta. Essere flessibili significa essere disposti a rivedere aspettative e abitudini e ad accogliere i cambiamenti personali e reciproci che inevitabilmente si verificano nel corso del tempo.

I conflitti sono normali in ogni relazione. Ciò che conta è come vengono affrontati. Approcci costruttivi al conflitto includono l'ascolto delle prospettive altrui, l'esprimere i propri punti di vista senza attaccare e cercare soluzioni che siano reciprocamente soddisfacenti.

Trascorrere tempo di qualità insieme è fondamentale. Questo tempo consente alle coppie di connettersi su un livello più profondo, di condividere esperienze e di costruire ricordi comuni. Ciò può significare praticare hobby insieme, organizzare viaggi o semplicemente godersi momenti di quiete in reciproca compagnia.

Esprimere regolarmente apprezzamento e gratitudine rafforza il legame emotivo. Riconoscere i gesti, sia grandi che piccoli, e mostrare gratitudine per la presenza dell'altro nella propria vita sono azioni che comunicano valore e amore.

In sintesi, le relazioni sane e durature non sono il risultato di un caso fortuito ma di una serie di scelte consapevoli e azioni deliberate. Ciascuna delle strategie discusse qui può essere considerata un filo che intreccia una rete di sicurezza emotiva, supporto e comprensione reciproca.

La risoluzione dei conflitti è una componente cruciale delle relazioni interpersonali. Un conflitto può emergere per una miriade di motivi, spesso a causa di incomprensioni, divergenze di opinioni, o esigenze contrastanti. La gestione efficace di questi conflitti è fondamentale per mantenere relazioni salutari e durature. Una trattazione approfondita di questo tema può fornire gli strumenti per navigare le acque talvolta turbolente delle dinamiche relazionali.

Il primo passo nel processo di risoluzione dei conflitti è riconoscerli. Spesso, i conflitti vengono ignorati o soppressi per evitare confronti, ma questo solitamente porta a un'escalation. È importante quindi imparare a identificare i segni di un conflitto imminente, che possono includere irritabilità, malintesi frequenti, o una comunicazione tesa e non produttiva.

Adottare un approccio proattivo può essere molto più efficace che reagire a un conflitto già pienamente sviluppato. Un approccio proattivo include il parlare delle preoccupazioni non appena emergono in maniera calma e rispettosa, cercando di comprendere la prospettiva dell'altra persona prima che la situazione degeneri.

Una comunicazione aperta e onesta è essenziale per risolvere i conflitti. Ciò significa esprimere i propri sentimenti e bisogni chiaramente, senza usare toni di accusa o difensivi. Allo stesso tempo, ascoltare l'altra persona con l'intenzione di capire e non semplicemente di rispondere è altrettanto importante.

Le tecniche di ascolto attivo, come il parafrasare ciò che l'altro ha detto o fare domande per chiarire, possono facilitare una migliore comprensione e mostrare che si dà valore al punto di vista dell'altro. Questo contribuisce a creare un ambiente in cui entrambe le parti si sentono ascoltate e comprese.

La ricerca di soluzioni condivise è l'obiettivo finale della risoluzione dei conflitti. Dopo aver compreso le prospettive di ciascuno, è importante lavorare insieme per trovare una soluzione che soddisfi entrambe le parti. Ciò potrebbe richiedere compromessi, oppure potrebbe comportare la ricerca di una terza via completamente nuova e creativa.

Durante un conflitto, le emozioni possono facilmente prendere il sopravvento. Imparare a gestire le proprie emozioni e a riconoscere quelle altrui è un aspetto vitale nella risoluzione dei conflitti. Ciò può comportare fare pause durante una discussione per calmarsi o praticare tecniche di rilassamento prima di affrontare la questione.

In alcuni casi, potrebbe essere utile ricorrere alla mediazione o al supporto esterno. Un mediatore imparziale può aiutare a navigare il conflitto, assicurando che entrambe le parti vengano ascoltate e lavorando con loro per raggiungere una risoluzione accettabile.

La risoluzione dei conflitti è una competenza che può essere appresa e perfezionata nel tempo. Richiede pazienza, comprensione, e la capacità di vedere oltre il proprio punto di vista. Gestire i conflitti in modo efficace non solo previene danni alle relazioni ma può anche rafforzarle, creando un senso di fiducia e sicurezza.

Nel tessuto delle relazioni interpersonali, il compromesso agisce come un delicato filo di seta che intreccia le esigenze e i desideri individuali in un disegno di reciproca soddisfazione. Lontano dall'essere un mero cedimento, il compromesso è l'arte di trovare equilibrio e armonia nei rapporti con gli altri, permettendo loro di prosperare sul lungo termine. Esso rappresenta un elemento cardine per la costruzione di legami forti e duraturi.

Al cuore dell'arte del compromesso vi è la consapevolezza che in una relazione, le parti coinvolte avranno inevitabilmente bisogni e opinioni divergenti. Questo non è un ostacolo alla concordia, ma piuttosto una premessa naturale del dialogo. Il compromesso, quindi, inizia con il riconoscimento e l'accettazione delle differenze.

Per negoziare efficacemente un compromesso, la comunicazione deve essere aperta, onesta e priva di giudizi. È fondamentale esprimere i propri bisogni e ascoltare attivamente quelli altrui, impegnandosi a comprendere profondamente la prospettiva dell'altro senza pregiudizi o assunzioni precostituite. Questa comprensione reciproca pone le basi per una negoziazione efficace.

La pratica dell'empatia è indispensabile nell'arte del compromesso. Essa permette di immaginare la situazione dal punto di vista dell'altro, creando una piattaforma per l'empatia e la flessibilità. A volte, questo può significare riconsiderare o riadattare le proprie aspettative per accogliere quelle dell'altro.

Il compromesso richiede un'attenta valutazione di cosa sia equo e giusto per tutte le parti coinvolte. Un compromesso non è autentico se una parte sente di avere ceduto troppo o di non aver ottenuto nulla in cambio. L'obiettivo è cercare una soluzione equilibrata che massimizzi la soddisfazione reciproca.

A volte, il compromesso può richiedere un cedimento strategico, dove una parte può decidere di lasciar andare un aspetto meno importante per lei in cambio di qualcosa che valuta di maggiore valore. Questo tipo di cedimento non è una sconfitta, ma una mossa intenzionale verso il raggiungimento di un obiettivo più significativo.

Affinché un compromesso sia sostenibile, deve essere rivisitato e adattato nel tempo. Le circostanze cambiano e ciò che una volta poteva essere un accordo equo potrebbe necessitare di aggiustamenti. La sostenibilità del compromesso è assicurata dalla sua capacità di evolversi insieme alle persone e alle situazioni che cambiano.

È vitale distinguere tra compromesso e sottomissione. Un compromesso sano è un processo bidirezionale, mentre la sottomissione è unilaterale e può portare a risentimento e perdita di autostima. Capire questa differenza è cruciale per mantenere la propria integrità e la salute della relazione.

Il compromesso, pertanto, non è una rinuncia alla propria identità o ai propri valori, ma un'espressione di maturità relazionale e di una volizione consapevole di costruire ponti anziché muri. L'arte del compromesso, quando ben praticata, permette non solo di preservare il rispetto reciproco in fase di dissoluzione, ma anche di riflettere indietro sulla relazione con apprezzamento per gli insegnamenti ricevuti e la crescita condivisa.

La fine di una relazione interpersonale è un processo tanto delicato quanto necessario nell'esperienza umana. Il suo approccio e gestione richiedono un'intensa riflessione, maturità e sensibilità. La decisione di terminare un rapporto non è mai semplice e comporta inevitabilmente una serie di emozioni complesse e talvolta contrastanti. Tuttavia, esistono momenti in cui concludere una relazione diventa essenziale per il benessere personale e quello dell'altra persona.

Il primo passo è riconoscere quando una relazione non è più salutare o produttiva. Segnali quali la mancanza di fiducia, il rispetto reciproco eroso, conflitti irrisolti, o il semplice riconoscimento di percorsi di vita divergenti possono indicare che è il momento di lasciar andare. Talvolta, una relazione può diventare unilaterale, con una persona che investe energia emotiva senza ricevere supporto o riconoscimento in cambio.

Determinare il momento giusto per terminare una relazione è complesso. Mentre non esiste un momento perfetto, alcune situazioni richiedono una decisione tempestiva per prevenire ulteriori danni emotivi o fisici. È importante valutare la situazione nella sua totalità, considerando il contesto e il potenziale impatto sulla persona coinvolta.

Una volta presa la decisione, la comunicazione del termine della relazione deve essere chiara e compassionevole. È essenziale esprimere i propri sentimenti e ragioni con sincerità, ma con la massima considerazione per i sentimenti dell'altra persona. Usare "io" anziché "tu" per evitare di incolpare o creare difensività può facilitare una conversazione più pacifica.

Durante la discussione, è fondamentale preservare la dignità di entrambe le parti. Rispetto e cura devono guidare l'interazione, anche se la decisione di terminare la relazione è unilaterale. Riconoscere i momenti positivi passati ed esprimere gratitudine per ciò che è stato condiviso può aiutare a mantenere l'integrità di entrambe le parti.

La conclusione di una relazione è seguita da un naturale processo di lutto. È importante dare spazio a sé stessi e all'altra persona per elaborare il cambiamento. La ricerca di supporto tramite amici, familiari o professionisti può essere fondamentale per navigare attraverso questo periodo.

Dopo la fine di una relazione, è cruciale impostare confini chiari. Ciò potrebbe significare limitare o interrompere il contatto per permettere a entrambe le parti di guarire e di andare avanti. I confini sono personali e devono essere rispettati per aiutare nel processo di separazione e indipendenza emotiva.

Infine, terminare una relazione offre un'opportunità unica per la riflessione personale e la crescita. Esaminare le lezioni apprese, sia sui propri limiti che sulle proprie necessità, può trasformare l'esperienza in un potente momento di apprendimento personale.

La conclusione di una relazione, quando affrontata con coscienza e cura, non deve essere vista solo come una fine, ma come una tappa necessaria nel viaggio dell'autosviluppo e della ricerca di relazioni più significative e soddisfacenti.

Capitolo 5: L'Ascolto Attivo: Tecnica e Pratica

L'ascolto attivo è un'abilità comunicativa che richiede all'ascoltatore di partecipare pienamente alla conversazione, dando completa attenzione al parlante, mostrando interesse e fornendo feedback. Questo approccio non solo migliora la comprensione, ma anche rinforza il rapporto tra interlocutori, creando un ambiente in cui le persone si sentono comprese e valorizzate. Per praticare l'ascolto attivo, si possono adottare diverse tecniche.

Una delle tecniche più efficaci è la riflessione, che consiste nel ripetere con le proprie parole ciò che l'altro ha detto. Questo dimostra che l'ascoltatore sta realmente prestando attenzione e sta cercando di comprendere il messaggio. La parafrasi aiuta a chiarire e a confermare la comprensione di ciò che è stato espresso dal parlante.

Le domande aperte sono uno strumento che invita al dialogo e alla condivisione. Poni domande che iniziano con "come", "perché", o "cosa pensi di" per incoraggiare il parlante a espandere il suo pensiero e a esprimere opinioni e sentimenti più profondi.

Il feedback non verbale include annuire con la testa, mantenere un contatto visivo e adottare un'espressione facciale che mostri interesse e preoccupazione. Questi segnali inviano un messaggio potente senza interrompere il flusso della conversazione.

Offrire un breve sommario di ciò che è stato detto può essere utile per confermare che l'ascoltatore abbia captato i punti principali del discorso e per dare al parlante la possibilità di correggere eventuali incomprensioni.

Una parte cruciale dell'ascolto attivo è evitare di interrompere mentre l'altra persona sta parlando. Anche se si è tentati di inserire il proprio punto di vista, è fondamentale permettere al parlante di terminare il proprio pensiero.

Mostrare empatia significa sforzarsi di comprendere i sentimenti e le emozioni del parlante, anche se non si condivide la stessa opinione. La validazione è l'atto di riconoscere e accettare i sentimenti del parlante come legittimi, indipendentemente dal proprio accordo con il contenuto specifico.

L'ascolto attivo utilizza efficacemente anche il silenzio. Il silenzio può essere un potente strumento per permettere al parlante di raccogliere i propri pensieri o per evidenziare l'importanza di ciò che è appena stato detto.

Mettere in pratica queste tecniche di ascolto attivo non è sempre facile e richiede impegno e consapevolezza. Con la pratica, però, diventano parte integrante di una comunicazione efficace.

Nell'arte della comunicazione, l'ascolto attivo è una componente essenziale, ma vari ostacoli possono intralciare la nostra capacità di ascoltare efficacemente. Riconoscere questi ostacoli è il primo passo per superarli e diventare comunicatori più efficaci ed empatici.

Le distrazioni ambientali, come rumori, interruzioni o attività intorno agli interlocutori, possono ridurre drasticamente la capacità di concentrarsi sul parlante. Per mitigare queste distrazioni, può essere utile cercare un ambiente più tranquillo o minimizzare le fonti di disturbo.

I pregiudizi, che possono essere consci o inconsci, spesso deformano l'interpretazione dei messaggi ricevuti. Ascoltare qualcuno con la mente aperta, senza lasciare che le proprie opinioni preconcepite influenzino la comprensione, è fondamentale per un ascolto autentico e senza distorsioni.

Gli ascoltatori possono a volte proiettare i propri stati d'animo sul parlante, interpretando i messaggi in base al proprio stato emotivo piuttosto che alla realtà del discorso. Mantenere un atteggiamento neutrale e non emotivo può aiutare a rimanere focalizzati sui contenuti reali della conversazione.

Uno degli ostacoli più comuni è la tendenza a pensare a cosa dire dopo mentre l'altra persona sta ancora parlando. Questo può portare a mancare parti importanti del discorso. Praticare la piena attenzione e rimandare la formulazione di una risposta fino a quando il parlante non ha terminato può migliorare significativamente la qualità dell'ascolto.

La fatica o la saturazione informazionale possono compromettere la capacità di ascoltare attivamente. È importante essere consapevoli del proprio stato fisico ed emotivo e, se necessario, proporre di continuare la conversazione in un altro momento.

La mancanza di interesse verso l'argomento trattato o la mancanza di una connessione personale con il parlante possono rendere difficile impegnarsi nell'ascolto attivo. Cercare aspetti del discorso che possano essere di interesse o trovare punti di connessione personale può aiutare a superare questa sfida.

Nell'era digitale, le notifiche e altri tipi di interruzioni tecnologiche possono facilmente distogliere l'attenzione. Esercitare l'autodisciplina nel gestire dispositivi e notifiche durante le conversazioni è essenziale per mantenere un ascolto attivo.

Un dialogo interno attivo può sovrapporsi a ciò che viene detto dall'interlocutore, ostacolando la capacità di assorbire e di comprendere pienamente il messaggio. Imparare a calmare la mente e a ridurre il monologo interno è una competenza che si può sviluppare con la pratica dell'ascolto consapevole.

Superare questi ostacoli richiede pratica, consapevolezza di sé e, a volte, cambiamenti attivi nel proprio comportamento e ambiente.

Per padroneggiare l'arte dell'ascolto attivo non c'è altra via che l'esercizio. Infatti, proprio come un musicista affina la sua arte con ore di pratica, così chi desidera ascoltare in modo attivo deve impegnarsi in esercizi mirati. Ecco alcune pratiche che si possono incorporare nella vita quotidiana per coltivare questa abilità essenziale.

Una tecnica efficace per migliorare l'ascolto attivo è la riflessione speculare, che consiste nel ripetere con le proprie parole ciò che l'interlocutore ha detto. Questo non solo mostra che si è prestata attenzione, ma aiuta anche a chiarire eventuali malintesi. Per esempio, dopo aver ascoltato un amico parlare di una difficile giornata di lavoro, si potrebbe rispondere: "Sembra che tu abbia avuto una serie di incontri particolarmente sfidanti oggi".

Si può esercitare l'ascolto attivo anche attraverso conversazioni guidate. Queste sono discussioni in cui una persona parla per un periodo di tempo definito mentre l'altra si concentra esclusivamente sull'ascolto senza interrompere. Dopo, chi ascoltava ha l'opportunità di riassumere e riflettere su ciò che è stato detto, prima di invertire i ruoli.

La meditazione e la pratica della mindfulness possono rafforzare la concentrazione e la presenza mentale, due qualità indispensabili per l'ascolto attivo. Dedicare anche solo cinque minuti al giorno a queste pratiche aiuta a calmare il flusso di pensieri distrattivi e a focalizzarsi pienamente sul momento presente, facilitando un ascolto più profondo nelle interazioni quotidiane.

Tenere un diario di ascolto può essere un altro esercizio utile. Si può scegliere di annotare le conversazioni della giornata, riflettendo su come si è ascoltati e su cosa si potrebbe migliorare. Questo esercizio aumenta la consapevolezza di come l'ascolto influenzi le interazioni e fornisce uno spunto per l'auto-miglioramento.

L'esercizio di parafrasare è simile alla riflessione speculare, ma qui l'obiettivo è riformulare i pensieri dell'interlocutore con nuove parole, dimostrando comprensione e attenzione. Questa tecnica aiuta a chiarire il significato e a confermare l'intesa tra i partecipanti alla conversazione.

Infine, non c'è miglioramento senza feedback. Dopo una conversazione, è utile chiedere all'interlocutore se si è sentito ascoltato e capito, e cosa si potrebbe fare per migliorare. L'autovalutazione critica è anche un ottimo modo per riconoscere gli aspetti dell'ascolto che necessitano di ulteriore sviluppo.

Attraverso questi esercizi, chiunque può incrementare la propria abilità di ascolto attivo. Oltre a migliorare la qualità delle relazioni personali e professionali, un ascolto efficace porta a una maggiore empatia e comprensione reciproca, tessendo la trama di una società più consapevole e connessa.

Nell'era digitale, l'ascolto attivo assume nuove sfumature. Mentre la tecnologia ci permette di connetterci con persone dall'altra parte del mondo in pochi istanti, essa può anche costituire un ostacolo all'ascolto autentico. La mancanza di segnali non verbali e la facilità con cui si possono moltiplicare le distrazioni richiedono un adattamento delle nostre abilità di ascolto.

La comunicazione digitale è spesso filtrata attraverso testi scritti, come e-mail, messaggi istantanei e post sui social media. In questi contesti, l'ascolto attivo si trasforma nell'arte di leggere con attenzione, interpretare correttamente il tono e rispondere in modo ponderato. Quando siamo online, ogni parola può essere pesata e riletta, il che da un lato offre il vantaggio della riflessione, ma dall'altro rischia di portare a fraintendimenti dovuti alla mancanza di inflessioni vocali e di linguaggio corporeo.

Per praticare l'ascolto attivo online, è fondamentale leggere i messaggi con attenzione e senza fretta, cercando di cogliere non solo il significato esplicito ma anche le sfumature e i sottotesti. Un approccio riflessivo alla lettura può includere la rilettura dei messaggi per assicurarsi di aver compreso pienamente prima di rispondere. Inoltre, le risposte devono essere considerate e personalizzate, dimostrando che non solo si è letto il messaggio, ma si è anche riflettuto su di esso.

L'ascolto attivo nel mondo digitale richiede anche di essere consapevoli del tono che si utilizza nelle risposte. Poiché la comunicazione digitale priva il destinatario di importanti indizi non verbali, è importante fare affidamento su un linguaggio che trasmetta empatia e comprensione. L'uso di emoticon o di altri mezzi per esprimere il tono emotivo può aiutare a mitigare la freddezza dei testi puri e a rafforzare il messaggio di ascolto attivo e cura.

Inoltre, la rapidità con cui possiamo comunicare in modalità digitale spesso incoraggia risposte immediate. Tuttavia, l'ascolto attivo online può trarre vantaggio da una pausa deliberata prima di rispondere, permettendo tempo per elaborare e riflettere. Questa pausa può aiutare a formulare risposte più ponderate e meno reattive, particolarmente preziose in conversazioni importanti o delicate.

Un altro aspetto dell'ascolto attivo nel digitale è la presenza attenta. Le piattaforme digitali permettono di svolgere molteplici attività contemporaneamente, ma l'ascolto attivo richiede di resistere alla tentazione del multitasking. Dedicare una finestra di tempo ininterrotto alla comunicazione online può migliorare significativamente la qualità dell'interazione.

In sintesi, mentre il contesto digitale presenta sfide uniche all'ascolto attivo, esso offre anche opportunità per affinare le nostre capacità comunicative. Attraverso la lettura attenta, la riflessione prima di rispondere, l'espressione accurata del tono e la presenza attenta, possiamo trasferire i principi dell'ascolto attivo anche nelle nostre interazioni digitali. E in questo modo, potremmo scoprire che le distanze fisiche si annullano di fronte alla vicinanza emotiva e cognitiva che un ascolto attento può costruire.

L'ascolto attivo è un ingrediente fondamentale per una leadership efficace. Un leader che ascolta attivamente non solo acquisisce informazioni essenziali ma dimostra anche rispetto e cura verso i propri collaboratori, fattori chiave per costruire fiducia e motivazione all'interno di un team.

Nel contesto della leadership, l'ascolto attivo trascende la mera ricezione di parole. Si tratta di comprendere i messaggi sia espliciti che impliciti, di cogliere le emozioni e i sentimenti che sottendono la comunicazione e di rispondere in modo che valorizzi il contributo di ogni individuo. Un leader che ascolta attivamente è anche in grado di leggere tra le righe, identificando problemi non esplicitati e anticipando le necessità del team.

Ascoltare con attenzione permette ai leader di prendere decisioni più informate. Essere a contatto con le prospettive di coloro che operano a diversi livelli dell'organizzazione fornisce una comprensione più ricca e sfaccettata della realtà aziendale. Questo tipo di insight è inestimabile quando si tratta di guidare una strategia o di navigare attraverso cambiamenti complessi.

L'ascolto attivo comporta anche il saper accogliere e gestire il feedback. I leader che praticano l'ascolto attivo non si limitano a ricevere feedback, ma invitano attivamente al dialogo, incoraggiando i membri del team a condividere apertamente idee e preoccupazioni. Questo approccio promuove un ambiente di lavoro in cui tutti si sentono ascoltati e valorizzati, il che può incrementare l'engagement e la soddisfazione lavorativa.

Inoltre, la leadership attraverso l'ascolto attivo si manifesta nel saper fare domande aperte che stimolano la riflessione e la conversazione. Invece di imporre il proprio punto di vista, un leader può utilizzare domande per esplorare le idee del team, sfidare le assunzioni e stimolare la creatività. Questo stile di leadership non autoritario invita alla collaborazione e all'innovazione, e si allontana dalla tradizionale gerarchia per favorire un senso di comunità e di scopo condiviso.

L'empatia è un altro elemento cruciale dell'ascolto attivo in leadership. Mostrare empatia significa connettersi con le emozioni degli altri e rispondere in modo che rifletta una comprensione profonda e genuina delle loro esperienze. Un leader empatico è in grado di costruire ponti emotivi con i membri del team, superando barriere e differenze per unire le persone verso obiettivi comuni.

Un aspetto spesso sottovalutato dell'ascolto attivo in leadership è l'ascolto di sé. Prima di poter ascoltare gli altri efficacemente, un leader deve essere sintonizzato con le proprie convinzioni interne, valori e pregiudizi. Questa autoconsapevolezza permette di ascoltare senza lasciarsi troppo influenzare dai propri filtri personali, garantendo un'apertura mentale essenziale per accogliere nuove idee e prospettive.

Infine, l'ascolto attivo nella leadership è fondamentale anche per la gestione dei conflitti. Attraverso un ascolto attento, un leader può comprendere le radici di un disaccordo e lavorare per trovare soluzioni che rispettino le esigenze di tutte le parti coinvolte.

Per riassumere, l'ascolto attivo rappresenta per i leader un mezzo per guidare con saggezza, compassione e integrità. Si traduce in un approccio al comando che ispira fiducia e rispetto, e crea una cultura aziendale dove ogni voce ha valore.

Capitolo 6: Empatia: Il Ponte verso le Connessioni Umane

Empatia: una parola così comune nel nostro vocabolario quotidiano; eppure, così complessa nelle sue sfumature. L'empatia è la capacità di percepire, comprendere e condividere i sentimenti di un altro essere umano. È il ponte che connette le persone, permettendo loro di sentire e comprendere l'esperienza altrui come se fosse la propria. Ma questa connessione umana può manifestarsi in due modi distinti: attraverso l'empatia cognitiva e quella emotiva.

L'empatia cognitiva, talvolta chiamata "teoria della mente", è la capacità di comprendere razionalmente lo stato mentale di un'altra persona. È come mettersi nei panni dell'altro a livello intellettuale, riconoscendo i loro pensieri e le prospettive senza necessariamente sperimentare le emozioni associate. Questo tipo di empatia è fondamentale in ambiti dove è necessaria la negoziazione o la risoluzione dei conflitti, poiché permette di anticipare le reazioni e gli interessi altrui, senza essere sopraffatti dal coinvolgimento emotivo.

D'altra parte, l'empatia emotiva è quella che ci permette di sentire, a livello viscerale, ciò che un'altra persona sta provando. È quasi come se le emozioni dell'altro trovassero un'eco dentro di noi. Questo tipo di empatia ci consente di stabilire una connessione emotiva profonda, spesso istantanea, con un altro individuo. È quella sensazione che nasce nel profondo quando vediamo qualcuno soffrire o gioire, e il nostro cuore reagisce in simpatia.

Ogni tipo di empatia ha il suo valore unico e le sue applicazioni nel tessuto delle interazioni umane. L'empatia cognitiva ci consente di funzionare socialmente in modo efficace, di prendere decisioni ponderate e di guidare discussioni senza perdere di vista la razionalità. Al contempo, l'empatia emotiva è ciò che dà calore alle nostre relazioni, creando legami che possono superare anche le differenze più profonde.

Tuttavia, mentre entrambe le forme di empatia sono vitali, esse possono anche presentare sfide. Troppa empatia cognitiva può rendere una persona distante, percependo le situazioni con freddezza analitica e mancando di quel calore umano che solo l'empatia emotiva può offrire. Allo stesso modo, un eccesso di empatia emotiva può portare a un sovraccarico emotivo, rendendo difficile mantenere un equilibrio interiore e agire efficacemente in situazioni che richiedono oggettività.

Inoltre, mentre l'empatia cognitiva può essere sviluppata attraverso l'apprendimento e la pratica, come lo studio della psicologia o l'osservazione attenta delle dinamiche sociali, l'empatia emotiva è spesso più innata e può richiedere un lavoro interiore più profondo per essere coltivata. Può richiedere la capacità di essere vulnerabili, di aprire il proprio cuore alle esperienze altrui e, a volte, di saper gestire le proprie emozioni per non venire sopraffatti.

Un equilibrio tra empatia cognitiva ed emotiva è essenziale per navigare il mondo con comprensione e compassione. Mentre procediamo nella nostra esplorazione di come l'empatia influisce sulle nostre vite, è importante ricordare che l'empatia non è solo un concetto da apprezzare in teoria, ma una pratica quotidiana che può trasformare il nostro modo di relazionarci con gli altri e con il mondo che ci circonda.

L'empatia non è soltanto una disposizione innata, ma anche una competenza che può essere affinata e sviluppata attraverso la pratica costante. Sviluppare l'empatia nella vita quotidiana non significa solamente aumentare la propria capacità di connessione emotiva, ma anche rafforzare i legami sociali e migliorare la comprensione interpersonale. La vita di ogni giorno offre innumerevoli opportunità per esercitare l'empatia, richiedendo un impegno attivo e consapevole.

Ascoltare con intenzione è il primo passo verso una maggiore empatia. Questo significa dedicare la propria piena attenzione alle parole dell'altro, ma anche alle sottigliezze non verbali della comunicazione, come il tono della voce e il linguaggio del corpo. Quando ascoltiamo con il proposito di comprendere veramente, anziché semplicemente aspettare il nostro turno di parlare, iniziamo a percepire il mondo da una prospettiva diversa. Si tratta di un'immersione nella realtà altrui che spesso può rivelare comprensioni nuove e sorprendenti.

Praticare l'empatia significa anche esercitare la propria immaginazione. Mettersi nei panni di qualcun altro e immaginare come potrebbe sentirsi in una determinata situazione richiede un'attiva esplorazione mentale. Tale processo può essere stimolato dalla letteratura, dal cinema o dall'arte, che offrono rappresentazioni di vite e esperienze diverse dalla propria. Attraverso queste narrazioni, siamo in grado di vivere indirettamente le emozioni di altri personaggi, arricchendo così la nostra comprensione emotiva.

Inoltre, esprimere interesse e curiosità verso le persone che incontriamo può contribuire a sviluppare l'empatia. Porre domande aperte, che incoraggiano gli altri a condividere le proprie storie e sentimenti, crea uno spazio di dialogo aperto e senza giudizi. Questo scambio non solo facilita la comprensione reciproca, ma può anche abbattere le barriere e i pregiudizi.

Essere empatici, però, può anche comportare la gestione delle proprie emozioni. A volte, l'empatia può condurre a condividere il dolore altrui in maniera così intensa da sentirsi sopraffatti. In questi casi, è fondamentale saper riconoscere i propri limiti e praticare l'autoconservazione, equilibrando la compassione verso gli altri con la cura di sé. Questo bilanciamento permette di essere presenti per gli altri senza perdere di vista il proprio benessere.

Infine, la riflessione personale è un aspetto cruciale nello sviluppo dell'empatia. Comprendere le proprie reazioni emotive e riflettere sulle motivazioni dietro alle proprie azioni può rivelare molto sul modo in cui interagiamo con gli altri. Questo livello di autoconsapevolezza può servire come fondamento per una pratica empatica più profonda e consapevole.

Mettere in pratica l'empatia ogni giorno è un percorso che arricchisce sia chi lo percorre sia chi è intorno a lui. Nel tessuto delle nostre vite quotidiane, ogni gesto empatico, ogni momento di vera comprensione, rafforza le fondamenta delle nostre comunità e culture. Attraverso questo viaggio, scopriamo che l'empatia non è solo una capacità personale, ma anche un dono collettivo, un linguaggio universale che trascende le parole e tocca il cuore dell'esistenza umana.

L'empatia è spesso paragonata a un collante sociale, un elemento che consente alle relazioni di crescere e prosperare. La sua presenza in qualsiasi tipo di relazione, sia essa amicale, romantica, professionale o familiare, può avere un impatto profondo. Attraverso l'empatia, si sviluppa una comprensione più profonda degli altri, che a sua volta promuove un maggiore legame emotivo.

Quando si pratica l'empatia, si dimostra agli altri che il loro vissuto, le loro emozioni e le loro esperienze sono valide e importanti. Questo riconoscimento può avere un potente effetto rassicurante, comunicando accettazione e supporto. Nel calore di un abbraccio empatico, i muri che le persone erigono intorno al proprio cuore possono iniziare a sgretolarsi, permettendo una maggiore vulnerabilità e onestà.

In ambito familiare, l'empatia permette di attraversare le tempeste emotive e i conflitti con una maggiore comprensione. I genitori che mostrano empatia nei confronti dei loro figli contribuiscono a costruire una base di fiducia e sicurezza, essenziale per lo sviluppo di individui resilienti e capaci di empatia a loro volta. Le relazioni tra fratelli e le dinamiche familiari possono anche trarre beneficio dalla capacità di ciascuno di percepire e condividere le emozioni altrui, evitando incomprensioni e rafforzando i legami.

Nel contesto lavorativo, l'empatia si traduce in una maggiore capacità di lavoro di squadra e leadership. I leader empatici sono in grado di motivare e ispirare i loro team, riconoscendo e assegnando valore alle diverse prospettive e bisogni dei collaboratori. Questo crea un ambiente di lavoro inclusivo e stimolante, dove le idee possono fiorire e le persone si sentono valorizzate.

Anche nelle relazioni romantiche, l'empatia è fondamentale. La capacità di comprendere e condividere i sentimenti del partner porta a una maggiore intimità e connessione. L'empatia consente di navigare le difficoltà e di risolvere i conflitti con compassione e comprensione reciproca. Questa sensibilità emotiva è spesso ciò che consente alle coppie di superare le sfide e di mantenere una relazione duratura e appagante.

Ma l'empatia non influenza solo la qualità delle relazioni esistenti; è anche un elemento cruciale nella formazione di nuove connessioni. L'approccio empatico verso gli altri invita all'apertura e alla fiducia. Quando le persone sentono che i loro sentimenti sono compresi e apprezzati, sono più inclini a formare nuove relazioni basate su fondamenti solidi e autentici.

C'è da notare, tuttavia, che l'empatia non è priva di sfide. Troppo spesso, nel tentativo di essere empatici, si può incappare nell'errore di proiettare i propri sentimenti sugli altri, presumendo di sapere come si sentono, anziché ascoltare veramente. L'empatia richiede un attento equilibrio tra l'apertura emotiva e il rispetto per le esperienze uniche di ciascun individuo.

L'empatia non è solo una reazione emotiva; è una pratica attiva che, se coltivata con intenzione e considerazione, può trasformare la natura delle relazioni umane. È il ponte che ci permette di attraversare il divario tra le nostre solitudini, di toccare la vita di qualcun altro con gentilezza e di essere toccati a nostra volta.

Mentre l'empatia è senza dubbio una delle qualità umane più celebrate, come ogni forza possiede anche delle limitazioni intrinseche e sfide significative. Capire questi aspetti non solo ci aiuta a equilibrare il nostro impulso empatico ma ci permette anche di navigare più saggiamente le relazioni interpersonali.

Prima di tutto, dobbiamo riconoscere che l'empatia non è una risorsa infinita. Ciò è noto come "compassion fatigue" o stanchezza empatica. Professionisti nel campo dell'assistenza sociale, della sanità e del volontariato possono attestare l'esaurimento che deriva dal doversi confrontare costantemente con le sofferenze altrui. È un peso emotivo che può portare a burnout e distacco, un meccanismo di difesa per preservare il proprio benessere psicologico.

Inoltre, l'empatia richiede un notevole grado di maturità emotiva e controllo di sé. Essa ci espone alla vulnerabilità emotiva, aprendoci a esperienze che possono essere profondamente turbative. La sfida sta nel rimanere emotivamente aperti e reattivi alle necessità altrui senza essere sopraffatti dal dolore che non ci appartiene. Troppo spesso, c'è il rischio di confondere empatia con simpatia, perdendo di vista il confine tra il supportare e il portare il peso emotivo di un'altra persona.

Un altro limite dell'empatia è la sua natura selettiva. Nonostante la sua natura universale, la nostra capacità di empatizzare è spesso influenzata da pregiudizi inconsci e affinità naturali. Siamo più propensi a sentire empatia verso coloro che sono simili a noi, che ci piacciono o che riteniamo "meritevoli" della nostra compassione. Questo fenomeno può creare una sorta di tribalismo emotivo, dove l'empatia viene riservata a un "noi" ristretto piuttosto che estesa a un "loro" più ampio.

L'empatia può anche portare a decisioni errate, soprattutto quando è guidata da emozioni intense piuttosto che da un'analisi equilibrata. Il desiderio di alleviare la sofferenza immediata di qualcuno può a volte offuscare il giudizio, conducendo a soluzioni a breve termine che non tengono conto delle implicazioni a lungo termine o del bene maggiore. In questo senso, l'empatia può essere in conflitto con la giustizia o la razionalità.

C'è anche il pericolo dell'over-identificazione, dove l'empatia ci porta a immergerci così profondamente nelle esperienze di un'altra persona da perdere la prospettiva della nostra individualità. Questo può portare a una sorta di dipendenza emotiva o alla negazione dei propri bisogni e confini.

Per questi motivi, è fondamentale che coltiviamo un'empatia equilibrata. Questo significa imparare ad ascoltare e comprendere con cuore aperto, ma anche a proteggerci dall'assorbire troppo del dolore altrui. Significa lavorare sui nostri pregiudizi inconsci e ampliare i confini di chi consideriamo degni della nostra empatia. E, infine, significa imparare a discernere quando e come agire sulla nostra comprensione empatica in modo che sia sostenibile e costruttivo sia per noi stessi sia per gli altri.

Empatia e intelligenza emotiva sono due pilastri fondamentali delle relazioni umane e della comunicazione efficace. L'empatia, come abbiamo visto, è la capacità di comprendere e condividere i sentimenti di un'altra persona. L'intelligenza emotiva, d'altra parte, è la capacità di riconoscere, comprendere e gestire le proprie emozioni e quelle degli altri. Mentre l'empatia funge da ponte che ci connette emotivamente agli altri, l'intelligenza emotiva è il mezzo con cui navigare quel ponte con saggezza e competenza.

Il legame tra empatia e intelligenza emotiva si rivela in molti aspetti della vita quotidiana e professionale. Le persone con un alto quoziente emotivo tendono a essere più empatiche, il che le rende migliori ascoltatori e comunicatori. Questa sinergia non solo migliora le interazioni personali, ma può anche trasformare l'ambiente di lavoro. Leader con una forte intelligenza emotiva possono creare atmosfere di lavoro più collaborative e meno conflittuali, perché capiscono e rispettano i bisogni e le emozioni dei loro collaboratori.

Tuttavia, mentre l'empatia ci permette di sentire con gli altri, l'intelligenza emotiva ci insegna a usare quelle percezioni in modo costruttivo. Per esempio, quando si è di fronte a un conflitto, un individuo empatico può facilmente assorbire lo stress e l'ansia di chi ha di fronte. Se questa empatia non è bilanciata con l'intelligenza emotiva, la situazione può diventare opprimente, rendendo difficile per la persona agire con chiarezza e decisione.

La vera potenza sta nell'usare l'empatia per comprendere il punto di vista di un altro, ma poi utilizzare l'intelligenza emotiva per guidare una risposta adeguata e produttiva. Questo può significare stabilire confini sani, offrire un supporto costruttivo o semplicemente sapere quando è il momento di ascoltare rispetto a quando è necessario agire.

Inoltre, l'intelligenza emotiva ci aiuta a navigare gli aspetti più sfidanti dell'empatia. Ad esempio, riconoscere i propri limiti empatici e sapere come gestire il sovraccarico emotivo richiede una solida autoconsapevolezza, uno dei pilastri dell'intelligenza emotiva. Quando qualcuno riesce a identificare che sta iniziando a provare la "compassion fatigue", può prendere misure proattive per ricaricarsi, come prendere una pausa, praticare la mindfulness o cercare sostegno sociale.

In un mondo globale e interconnesso, dove le interazioni avvengono sia faccia a faccia sia attraverso schermi, l'abilità di intrecciare empatia e intelligenza emotiva è ancora più cruciale. È facile fraintendere o essere fraintesi quando non si è in presenza fisica, quindi avere la capacità di leggere correttamente le emozioni e rispondere in maniera empatica e consapevole può evitare malintesi e conflitti.

Concludendo, l'empatia e l'intelligenza emotiva sono intrinsecamente collegate e insieme formano il cuore di una comunicazione e relazioni umane di successo. L'arte sta nel coltivarle in tandem, affinando la nostra capacità di sentire con gli altri, mantenendo al tempo stesso una chiara consapevolezza delle nostre emozioni e di come queste influenzino le nostre azioni.

Capitolo 7: Il Potere delle Parole: Dizione, Tonality, e Rhetorica

Nell'arte della comunicazione, la scelta delle parole è come selezionare le pietre preziose per una corona: ogni parola ha un peso, un colore, una lucidità che contribuisce all'impressione complessiva del messaggio. Una singola parola può cambiare il tono di una frase, trasformare un'atmosfera o incidere indelebilmente nel cuore di chi ascolta.

Quando parliamo, non stiamo semplicemente trasmettendo informazioni; stiamo anche evocando emozioni, costruendo relazioni, e talvolta, modellando la realtà. Un leader che descrive una sfida come "un'opportunità" anziché "un problema" sta già indirizzando la reazione emotiva del suo pubblico e predisponendolo a un atteggiamento proattivo e ottimista.

Le parole possono essere strumenti di costruzione o armi di distruzione. Una critica può essere espressa in termini costruttivi che incoraggiano il miglioramento o può essere un'affermazione tagliente che lascia cicatrici durature. Ecco perché l'eloquenza non è solo una questione di estetica linguistica, ma di etica comunicativa. L'eloquente scelta delle parole riflette una consapevolezza della loro potenza e una responsabilità nel loro utilizzo.

Il contesto, inoltre, è un altro fattore critico che influenza la selezione delle parole appropriate. Lo stesso messaggio può essere accolto in modo differente a seconda del pubblico, della situazione e della cultura. Una dizione informale può essere perfetta in un incontro amichevole, ma inadatta in una sala del consiglio. Analogamente, terminologie tecniche possono essere imprescindibili in un contesto accademico o professionale, mentre sarebbero fuori luogo in una conversazione quotidiana.

La scelta delle parole assume anche un ruolo significativo nel plasmare l'identità personale o di un brand. Le organizzazioni scelgono con cura il linguaggio che riflette i loro valori e la loro missione, creando un legame emotivo con il loro pubblico. Un individuo, similmente, può esprimere la sua personalità e i suoi valori attraverso il linguaggio che sceglie di utilizzare.

Inoltre, nella nostra era digitale, dove la comunicazione scritta attraversa social media, e-mail e chat, le parole scelte hanno un'urgenza ancora maggiore. Senza la presenza fisica, senza il tono della voce o il linguaggio del corpo, le parole portano il peso intero del messaggio. Un commento mal ponderato può diffondersi virulentemente e sfuggire al controllo, con conseguenze a lungo termine.

Concludendo, la scelta delle parole è un'arte che richiede intuizione, sensibilità e pratica. È un'espressione di intelligenza emotiva e cognitiva, che richiede di essere sintonizzati non solo con il significato letterale, ma con le sfumature emotive e sociali della lingua.

La voce umana è uno strumento dalle infinite possibilità espressive. Attraverso le sue sfumature; cioè, il tono, il volume e il ritmo si possono trasmettere stati d'animo, intenzioni e sfumature di significato che vanno ben oltre le parole pronunciate. Questa dimensione vocale della comunicazione è un terreno fertile dove il relatore può coltivare un'arte comunicativa che coinvolge e persuade, che tocca le corde dell'emotività quanto quelle della ragione.

Il tono della voce, per esempio, è come il colore su una tela; dà vita e sfumatura al significato. Un tono caldo e amichevole può far sentire il destinatario accolto e valutato, mentre un tono freddo e distaccato può innescare distanza o difesa. La stessa frase, "Ti prego, siediti", può essere un invito cordiale o un comando severo a seconda del tono impiegato. Inoltre, la modulazione del tono può sottolineare punti chiave, guidare l'attenzione dell'ascoltatore ed enfatizzare l'importanza di certi concetti.

Il volume, poi, è il nostro regolatore di intensità. Un bisbiglio può attirare l'attenzione tanto quanto un grido, ma il loro impiego deve essere strategico e contestualizzato. Un discorso tenuto con un volume costantemente elevato può stancare l'ascoltatore, mentre uno che spezzatamente varia il volume crea dinamismo e mantiene viva l'attenzione. In una stanza affollata, un aumento del volume può comandare l'attenzione; in una conversazione a tu per tu, può invece intimorire o offendere.

Il ritmo, infine, è il battito del nostro linguaggio verbale. Un ritmo rapido può comunicare urgenza o passione, mentre un ritmo lento può essere utilizzato per enfatizzare la gravità o la profondità di un argomento. La pausa è un potente elemento del ritmo; un momento di silenzio può far ponderare all'ascoltatore ciò che è stato detto o creare suspense in attesa di ciò che verrà.

Il padroneggiamento di queste qualità vocali non è un'abilità innata, ma un'arte che si può sviluppare con l'osservazione, la pratica e il feedback. I grandi oratori e comunicatori sono spesso coloro che hanno affinato queste tecniche per trasmettere efficacemente i loro messaggi, coinvolgere emotivamente e mantenere l'interesse dei loro ascoltatori.

Questo aspetto della comunicazione assume una risonanza particolare quando consideriamo come la voce venga percepita attraverso le diverse piattaforme. Che sia un discorso in diretta, una registrazione audio o una videochiamata, la qualità vocale può essere amplificata o diminuita dalla tecnologia. E qui sta la sfida del comunicatore moderno: essere consapevole di come queste proprietà della voce si trasformino attraverso i microfoni e gli altoparlanti e come possano essere ottimizzate per ogni contesto.

L'implicazione del nostro viaggio nella comunicazione efficace è chiara: le parole hanno potere, ma la voce dà loro vita.

Il potere di persuadere, di muovere gli altri non solo all'ascolto ma all'azione o alla riflessione, è un'arte antica che si radica profondamente nella retorica. Questa disciplina, sviluppata nei forum dell'antica Grecia e affinata attraverso secoli di cultura e letteratura, offre una gamma di strategie che permettono al comunicatore di potenziare il proprio messaggio, rendendolo non solo udibile ma incisivo e memorabile.

Una delle prime tecniche retoriche che viene in mente è l'uso delle figure di stile, come le metafore e le similitudini, che arricchiscono il discorso creando immagini vivide nella mente dell'ascoltatore. Quando si dice, ad esempio, "la libertà è un fiume in piena", non si sta descrivendo un semplice concetto astratto, ma lo si sta incarnando in un'immagine dinamica e potente che ne accentua la forza e l'inevitabilità.

Allo stesso tempo, il pathos, ovvero l'appello all'emotività dell'uditorio, è una leva fondamentale. Attraverso storie personali, aneddoti o esempi che suscitano emozioni, si crea una connessione diretta con l'aspetto più umano e reattivo dell'ascoltatore. Il pathos si lega strettamente all'ethos, ovvero all'autorità e credibilità del relatore, che si costruisce dimostrando competenza e integrità morale, aspetti che rendono il messaggio degno di fiducia e il relatore un punto di riferimento.

Non bisogna poi trascurare il logos, l'elemento logico e razionale della persuasione. Argomentazioni solide, basate su dati, fatti e una logica stringente, sono il fondamento su cui costruire qualsiasi discorso persuasivo. Un argomento privo di una base logica è come un castello di carte: può impressionare al primo sguardo, ma crolla alla minima sfida.

Una tecnica retorica che spesso si intreccia con le altre è l'anadiplosi, la ripetizione di una o più parole alla fine di una frase e all'inizio della successiva. Questo crea un ritmo e un legame tra le idee che rende il discorso fluido e potente, quasi ipnotico.

Anche l'antitesi ha il suo posto nell'arsenale del retore. Presentare due idee opposte l'una accanto all'altra enfatizza il contrasto e spesso illumina con maggiore chiarezza il punto che si vuole sostenere. "Non si tratta di fare ciò che è facile, ma ciò che è giusto" è un esempio classico di come l'antitesi possa essere usata per sottolineare un principio morale.

In questo panorama di strategie, è importante non solo che cosa si dice, ma come lo si dice. L'arte della retorica, quindi, non sta soltanto nella selezione delle parole, ma nel modo in cui esse sono intrecciate insieme, nel ritmo che si crea, nel dialogo tra emotività e logica che si instaura con l'uditorio.

La dizione e l'eloquenza sono elementi chiave per chiunque desideri comunicare in modo efficace e persuasivo. Perfezionare la propria dizione non si limita alla mera pronuncia corretta delle parole; implica la capacità di esprimersi con chiarezza, sfumature e precisione, rendendo il messaggio non solo comprensibile ma anche piacevole all'ascolto.

Iniziamo con l'arte della dizione. Questa si fonda sull'uso appropriato dei suoni della lingua, sull'enunciazione chiara delle sillabe e sull'intonazione precisa. Un parlato distinto, che eviti sia la monotonia sia l'eccessiva teatralità, mantiene l'attenzione dell'ascoltatore e trasmette autorevolezza. Il primo passo nel perfezionare la dizione è diventare consapevoli del proprio modo di parlare, ascoltando registrazioni della propria voce e identificando aree di miglioramento, che potrebbero includere la chiarezza dei suoni, il ritmo del parlato, o l'uso corretto dell'accento tonico.

Parallelamente, l'eloquenza si occupa della bellezza e dell'efficacia dell'espressione. Essere eloquenti significa essere in grado di selezionare parole che non solo trasmettano il significato inteso, ma che risuonino con le emozioni e i pensieri dell'uditorio. Per raggiungere questo livello, è essenziale ampliare il proprio vocabolario per avere a disposizione una varietà di termini e modi di dire, permettendo così di esprimersi in modo appropriato a seconda del contesto e dell'intenzione. La lettura ampia e varia, dalla letteratura classica alla poesia, dai saggi ai moderni articoli di opinione, è un metodo efficace per arricchire il proprio bagaglio linguistico e stilistico.

L'allenamento costante è il pilastro di una dizione ed eloquenza sofisticate. Esercizi di pronuncia, come la ripetizione di scioglilingua o la lettura ad alta voce, possono affinare la capacità di articolare parole complesse e migliorare la fluidità del discorso. L'imitazione di oratori esperti, attraverso l'ascolto e la ripetizione di discorsi e presentazioni, può fornire un modello concreto di eloquenza da emulare e personalizzare.

L'arte di esprimersi con dizione ed eloquenza va di pari passo con la capacità di adattare il proprio registro a seconda dell'audience e del contesto, un concetto che abbiamo esplorato precedentemente. Conoscere quando utilizzare un linguaggio formale rispetto a uno più colloquiale, o quando arricchire il proprio discorso con termini tecnici oppure semplificarlo, è parte integrante di una comunicazione efficace. L'eloquenza, inoltre, si manifesta non solo nella scelta delle parole, ma anche nella loro assemblatura in frasi che scorrono con naturalezza, che sappiano evitare l'eccessiva complessità così come la banalità.

Un oratore che padroneggia sia la dizione che l'eloquenza trasmette sicurezza e competenza. Egli sa che il ritmo del suo parlare, l'uso di pause strategiche, l'intonazione variabile sono strumenti tanto potenti quanto il contenuto del suo messaggio. Con ogni parola pronunciata con precisione e ogni frase costruita con cura, egli dipinge nella mente dell'ascoltatore un quadro chiaro, lasciando un'impressione duratura.

Il linguaggio non è solo un mezzo per comunicare fatti o esprimere sentimenti, ma è anche uno strumento potente che può influenzare e motivare chi ci ascolta. Le parole hanno il potere di suscitare emozioni, stimolare azioni e trasformare pensieri in realtà. In questo ambito, ci concentreremo su come l'uso accurato e consapevole delle parole può ispirare gli altri, creare cambiamenti positivi e forgiare connessioni significative.

Per influenzare attraverso il linguaggio, è fondamentale comprendere le dinamiche emotive del nostro pubblico. Le parole devono risuonare su un piano personale, toccando le corde più intime dei nostri interlocutori. Il segreto sta nell'empatia, nel mettersi nei panni dell'altro per intuire quali parole possano innescare la motivazione desiderata. Se vogliamo incoraggiare un team, ad esempio, useremo un linguaggio che rafforzi il senso di appartenenza e l'importanza del contributo individuale all'obiettivo comune.

Per essere veramente efficaci, le nostre parole devono essere autentiche. La sincerità è tangibile e le persone sono naturalmente attratte e motivate da chi trasmette genuinità. Quando parliamo con passione e verità, il nostro messaggio acquista un peso maggiore e diventa più persuasivo. Questo è particolarmente vero in contesti di leadership, dove la capacità di esprimersi con autenticità può incoraggiare la fiducia e il rispetto, mobilizzando le persone verso una causa comune o l'azione.

Un altro elemento cruciale è la positività. Le parole costruttive e incentrate sulle soluzioni tendono a essere molto più motivate di quelle negative o criticate. Invece di sottolineare ciò che non va, è più produttivo concentrarsi su ciò che può essere fatto per migliorare la situazione. Questo approccio non solo ispira ottimismo, ma incoraggia anche un atteggiamento proattivo e la volontà di affrontare le sfide.

La chiarezza è altrettanto importante. Le parole complesse o i discorsi intricati possono confondere e demotivare. Quando parliamo chiaramente, con frasi dirette e un linguaggio accessibile, il nostro messaggio diventa più incisivo. Una comunicazione chiara evita malintesi e mantiene alta l'attenzione, permettendo alle nostre parole di raggiungere il cuore del problema e di invitare all'azione.

Inoltre, per influenzare e motivare, è essenziale saper raccontare storie. Lo storytelling è un metodo antico e potente per connettere con gli ascoltatori su un livello emotivo profondo. Le storie personali o esemplificative possono incarnare i valori e gli ideali che vogliamo trasmettere, rendendo il messaggio memorabile e toccante. Attraverso la narrazione, possiamo illustrare esempi di successo, superamento di ostacoli e resilienza, che servono come fonte di ispirazione e guida.

Infine, l'uso delle parole per motivare richiede un ascolto attivo e una risposta dinamica. La comunicazione è un viale a doppio senso; per influenzare efficacemente, dobbiamo essere aperti al feedback e pronti a modulare il nostro linguaggio in base alle reazioni e alle esigenze del nostro pubblico. Ciò significa anche essere capaci di leggere tra le righe e comprendere ciò che non viene detto, adattando le nostre parole per colmare queste lacune emotive e cognitive.

Capitolo 8: Linguaggio del Corpo Avanzato e Microespressioni

Le microespressioni sono brevi, involontarie manifestazioni facciali che esprimono le emozioni umane e sono uniformi in diverse culture. Queste espressioni si verificano in una frazione di secondo, rivelando sentimenti veri che una persona potrebbe tentare di nascondere. Comprendere e interpretare le microespressioni è un'abilità preziosa in molteplici contesti, dalla negoziazione al lavoro di polizia, dalla psicoterapia alla vita quotidiana.

Queste rapide espressioni sono il riflesso delle nostre emozioni più istintive e meno filtrate. Si differenziano dalle espressioni facciali comuni per la loro brevità e, spesso, per l'assenza di controllo conscio. Esistono sette microespressioni universali che corrispondono a emozioni fondamentali: felicità, tristezza, paura, sorpresa, disgusto, rabbia e disprezzo. Riconoscere queste espressioni richiede una prontezza di osservazione e una capacità di percezione che vanno oltre la comunicazione verbale.

Ad esempio, la microespressione della felicità è immediatamente riconoscibile da un improvviso sollevamento degli angoli della bocca e, a volte, da un rapido accenno di "occhi sorridenti" dove si formano le cosiddette 'zampe di gallina'. Al contrario, la rabbia può essere rilevata da una rapida contrazione delle sopracciglia e un'intensificazione dello sguardo.

Per sviluppare l'abilità di riconoscere queste microespressioni, è essenziale affinare la propria osservazione. Questo inizia con la comprensione di come le emozioni si manifestano nel viso umano e continua con l'esercizio di monitoraggio delle interazioni umane — osservando attentamente, ad esempio, i cambiamenti nel viso di un interlocutore durante una conversazione. Questo allenamento visivo può essere rafforzato attraverso l'utilizzo di software specifici e workshop formativi che aiutano a identificare le microespressioni in vari contesti e ad aumentare la nostra sensibilità verso di esse.

Tuttavia, interpretare queste espressioni è tanto sfidante quanto riconoscerle. Il contesto in cui una microespressione si verifica è cruciale per l'interpretazione corretta. Una microespressione di disgusto potrebbe non essere una reazione alla persona con cui si sta interagendo, ma piuttosto una risposta a un pensiero interno o a un odore appena percepito. Pertanto, è importante non saltare a conclusioni affrettate, ma considerare l'ambiente, le circostanze precedenti e il linguaggio verbale associato per dedurre il significato più accurato di una microespressione.

L'interpretazione corretta delle microespressioni può portare a una comprensione più profonda degli altri, consentendo di rispondere in modo più efficace ed empatico. Che si tratti di cogliere un segno di stress in un collega che afferma di "stare bene" o di identificare la vera emozione dietro le parole di un partner, il riconoscimento delle microespressioni aggiunge una dimensione fondamentale alla comunicazione umana.

In conclusione, la padronanza nell'identificazione e interpretazione delle microespressioni arricchisce le competenze comunicative e interpersonali. Con pratica e sensibilità, possiamo imparare a leggere i segnali non verbali con maggiore precisione, migliorando così la nostra capacità di interagire e connetterci con gli altri in maniera significativa e autentica.

Il linguaggio del corpo è un insieme complesso e affascinante di segnali non verbali che comunicano i nostri pensieri e le nostre emozioni, spesso più eloquentemente delle parole. Questi segnali non verbali includono posture, gesti, tocchi, espressioni facciali e movimenti oculari. Essi non solo trasmettono ciò che proviamo ma possono anche influenzare la percezione che gli altri hanno di noi e viceversa. Esaminare il linguaggio del corpo nel dettaglio significa osservare con attenzione questi vari componenti e comprendere come si combinano per trasmettere messaggi.

La postura, per esempio, è un potente comunicatore. La maniera in cui ci sediamo, ci alziamo in piedi o camminiamo può rivelare la nostra sicurezza in noi stessi, la nostra apertura verso gli altri, e anche il nostro stato emotivo attuale. Una postura eretta, con le spalle indietro e la testa alta, comunica sicurezza e positività, mentre una postura curva può indicare insicurezza o tristezza. Analogamente, il modo in cui occupiamo lo spazio – con movimenti ampi o contenuti – può riflettere la nostra personalità e il nostro livello di conforto nella situazione in cui ci troviamo.

I gesti sono un altro elemento chiave del linguaggio del corpo. Si pensi alle mani: possono sottolineare ciò che diciamo, rivelare nervosismo, o mostrare concordia con qualcuno tramite una stretta di mano calorosa. Anche il contatto visivo è cruciale. Uno sguardo diretto è spesso interpretato come segno di interesse o onestà, mentre evitare lo sguardo potrebbe essere interpretato come mancanza di interesse o, in alcune circostanze, disonestà.

Tuttavia, è importante ricordare che il linguaggio del corpo non è universale. Gestualità che in una cultura sono considerate positive possono essere mal interpretate in un'altra. Inoltre, ogni individuo può avere abitudini personali o idiosincrasie che influenzano il proprio linguaggio del corpo. Questo significa che, per interpretare correttamente i segnali non verbali, è necessario considerare il contesto culturale e individuale.

L'osservazione del linguaggio del corpo altrui non deve mai essere una valutazione isolata. Ad esempio, se qualcuno incrocia le braccia, potrebbe essere semplicemente freddo e non necessariamente difensivo o chiuso. Per comprendere il vero significato di un segnale del corpo, è fondamentale osservare un insieme di segnali piuttosto che un gesto isolato. Inoltre, il confronto con il linguaggio verbale può fornire indizi aggiuntivi: l'allineamento tra ciò che viene detto e il linguaggio del corpo offre una misura di congruenza e autenticità.

In sintesi, il linguaggio del corpo è una danza silenziosa che comunica il nostro stato interno e influisce sulle dinamiche interpersonali. Quando si impara a osservare e interpretare i dettagli del linguaggio del corpo, si acquista una comprensione più profonda delle intenzioni e dei sentimenti degli altri. Questa capacità può migliorare la qualità delle nostre interazioni sociali, facilitare la risoluzione dei conflitti, e arricchire le nostre relazioni. Ciò richiede un'attenzione continua e una mente aperta, poiché ogni gesto, ogni postura e ogni sguardo portano con sé un messaggio che aspetta di essere compreso.

La congruenza tra le parole pronunciate e il linguaggio del corpo è un aspetto cruciale della comunicazione interpersonale. Quando c'è una corrispondenza tra ciò che diciamo e il modo in cui lo diciamo attraverso i nostri gesti, posture ed espressioni facciali, si crea una coerenza che è percepita dagli altri come autenticità e sincerità. La congruenza nelle espressioni facilita la fiducia e l'apertura nelle relazioni, rendendo il nostro messaggio più efficace e credibile.

Immaginiamo una situazione di negoziazione in cui una parte dichiara di essere flessibile e aperta a compromessi, ma incrocia le braccia e mantiene una postura rigida. Questa incongruenza invia segnali confusi all'altra parte, che potrebbe iniziare a dubitare della sincerità delle parole udite. Al contrario, un'affermazione espressa con un sorriso genuino e un contatto visivo solido tende a rinforzare la sincerità del messaggio.

La congruenza nelle espressioni non è soltanto rilevante nelle interazioni uno-a-uno, ma è anche fondamentale in contesti di gruppo, come presentazioni o incontri di lavoro. Un leader che parla di cambiamenti positivi ma mostra un'espressione preoccupata potrebbe involontariamente allarmare i suoi ascoltatori, indebolendo così l'efficacia del suo messaggio.

Ma cosa rende così importante la congruenza nelle espressioni? In primis, gli esseri umani sono naturalmente dotati di una sorta di radar interno per la dissonanza. Sin dalla tenera età, sviluppiamo la capacità di percepire quando le parole non corrispondono al linguaggio del corpo, il che ci rende diffidenti o confusi. Questo "sesto senso" per l'autenticità è ciò che ci consente di leggere tra le righe e percepire le vere intenzioni degli altri.

Pertanto, lavorare sulla propria congruenza espressiva è fondamentale. Significa non solo prestare attenzione alle parole che scegliamo, ma anche coltivare la consapevolezza di come le comunichiamo. Esercitarsi a mantenere un linguaggio del corpo aperto e accogliente può migliorare la nostra capacità di connetterci con gli altri, sia che si tratti di amici, familiari o colleghi.

Inoltre, la congruenza ha un impatto significativo sul nostro benessere emotivo. Quando ci esprimiamo in modi che sono allineati con i nostri sentimenti interni, sperimentiamo una sorta di integrità personale. Questo allineamento interno-esterno può portare a una maggiore fiducia in sé stessi e a una sensazione di autenticità che è spesso comunicata agli altri in modo non verbale.

Nell'era digitale, la congruenza espressiva riveste una nuova dimensione. Anche se la comunicazione avviene tramite videochiamate o registrazioni, gli aspetti non verbali non vanno perduti. È quindi essenziale che le persone siano consapevoli di come la loro immagine e il loro comportamento a schermo possano influenzare la percezione del messaggio trasmesso.

In conclusione, la congruenza tra il linguaggio verbale e quello non verbale è una componente fondamentale della comunicazione efficace. Essa non solo rafforza i nostri messaggi ma contribuisce anche a costruire rapporti di fiducia e autenticità con gli altri. Pertanto, diventare più consapevoli del nostro linguaggio del corpo e come questo può essere allineato o meno con le nostre parole è un passo importante per diventare comunicatori più efficaci e autentici.

Il linguaggio del corpo svolge un ruolo silenzioso ma estremamente potente nelle negoziazioni. Non si tratta soltanto di ciò che viene detto, ma di come viene detto, e le nostre espressioni non verbali possono comunicare tanto quanto le parole. In una negoziazione, il successo può spesso dipendere dalla capacità di leggere e utilizzare il linguaggio del corpo a proprio vantaggio, così come dalla capacità di controllare e gestire le proprie espressioni non verbali.

Le negoziazioni possono essere tese e piene di incognite, ma il linguaggio del corpo può fornire indizi fondamentali sulle intenzioni, sulle emozioni e sulla disponibilità al compromesso degli altri partecipanti. Ad esempio, se una persona si appoggia in avanti e mantiene un contatto visivo costante, potrebbe indicare interesse e apertura verso ciò che viene offerto. Al contrario, se qualcuno si allontana o evita il contatto visivo, potrebbe essere un segno di disaccordo o di disinteresse.

Il successo in una negoziazione dipende non solo dall'interpretazione corretta di tali segnali, ma anche dalla capacità di trasmettere i propri messaggi con confidenza e autorità. Un negoziatore efficace sa come utilizzare la postura per affermare la propria presenza - stare eretti, fare gesti misurati, e mantenere una posizione aperta possono trasmettere sicurezza e controllo. Questo può essere particolarmente influente in momenti chiave, come quando si presentano le proprie condizioni o si cerca di chiudere un accordo.

La gestualità ha anche un ruolo importante. Utilizzare gesti che accompagnano le parole può rafforzare un argomento, mentre gesti nervosi o tic possono distrarre e trasmettere incertezza o ansia. I negoziatori esperti sono spesso quelli che riescono a mantenere una calma esteriore, anche quando le negoziazioni diventano complicate, usando il loro linguaggio del corpo per mantenere un ambiente professionale e controllato.

Il contatto visivo, in particolare, è un aspetto del linguaggio del corpo che merita attenzione speciale. Mantenere un contatto visivo appropriato può esprimere sincerità e fiducia, mentre lo sguardo che divaga può suggerire il contrario. Tuttavia, è importante bilanciare il contatto visivo con l'ascolto attivo, dimostrando che si è completamente coinvolti e rispettosi delle posizioni altrui.

La capacità di controllare il proprio linguaggio del corpo può anche aiutare a mascherare le proprie reazioni o emozioni, che in una negoziazione possono a volte rivelare più di quanto si desideri. Saper gestire le proprie espressioni può impedire agli altri di discernere la propria ansia, entusiasmo eccessivo, o disperazione per raggiungere un accordo, mantenendo così una posizione negoziale più forte.

Il linguaggio del corpo è un elemento fondamentale delle negoziazioni. L'abilità di leggere con attenzione e rispondere adeguatamente ai segnali non verbali degli altri, così come la capacità di utilizzare consapevolmente il proprio linguaggio del corpo, può contribuire significativamente all'esito positivo di una negoziazione. I negoziatori che sviluppano queste competenze non solo migliorano le loro possibilità di successo, ma possono anche costruire relazioni più forti e rispettose con le parti opposte.

Il linguaggio del corpo è un canale di comunicazione silenzioso, che spesso rivela verità non espresse dalle parole. La capacità di osservare e interpretare correttamente il linguaggio del corpo può essere affinata e sviluppata con pratica e attenzione, proprio come ogni altra abilità. Comprendere i gesti, le posture, le espressioni facciali e persino i movimenti più lievi può offrire intuizioni preziose nei contesti sociali, professionali e personali.

Per allenarsi nell'osservazione del linguaggio del corpo, è utile iniziare da una posizione di non giudizio e di apertura mentale. L'obiettivo è osservare senza attribuire immediatamente un significato definitivo a ogni gesto. Questo perché il linguaggio del corpo può essere multiforme e ciò che è vero in un contesto può non esserlo in un altro. Ad esempio, incrociare le braccia potrebbe essere un segno di chiusura in una situazione, mentre in un'altra potrebbe semplicemente significare che una persona ha freddo.

Incorporare l'abitudine di osservare attentamente il linguaggio del corpo delle persone con cui si interagisce quotidianamente è un buon punto di partenza. Guardare come gli altri reagiscono a determinate situazioni, notare la congruenza tra le loro parole e il linguaggio del corpo, e prestare attenzione alle variazioni individuali aiuta a costruire un ricco repertorio di conoscenze non verbali.

Per affinare ulteriormente questa competenza, è utile esercitarsi in ambienti diversi. Ad esempio, si può osservare il comportamento delle persone in un caffè, in una riunione di lavoro o mentre si guarda un film, mettendo in pausa e riflettendo su ciò che il loro linguaggio del corpo potrebbe comunicare. Questa varietà di contesti espositivi permette di riconoscere quanto sia ampia la gamma di espressioni non verbali e come queste possano essere influenzate dal contesto sociale e culturale.

Un'altra strategia efficace per sviluppare la capacità di lettura del linguaggio del corpo è la simulazione o il role-playing. Mettersi nei panni di un altro aiuta a comprendere meglio le sfumature del linguaggio non verbale. Questo tipo di esercizio può essere particolarmente utile in ambito professionale, dove la comprensione del linguaggio del corpo può migliorare la comunicazione con colleghi e clienti.

Si può anche ricorrere all'utilizzo di specchi per auto-osservarsi e diventare consapevoli del proprio linguaggio del corpo. Questo esercizio aiuta a comprendere come certi movimenti o posture possono essere percepiti dagli altri e quali emozioni o pensieri possono involontariamente trasmettere.

Durante il percorso di apprendimento, è importante mantenere una mente critica e considerare sempre il contesto e le circostanze individuali prima di trarre conclusioni. Non tutte le espressioni non verbali hanno un significato universale, e ciò che per una persona può significare disagio, per un'altra potrebbe non avere alcun significato particolare.

Mentre si procede nel perfezionamento della capacità di interpretare il linguaggio del corpo, si scoprirà che questa competenza diventa un elemento naturale e integrato dell'interazione umana. Osservare attentamente e rispondere adeguatamente al linguaggio del corpo non solo migliora la comprensione degli altri ma arricchisce anche la qualità delle nostre relazioni, permettendoci di comunicare in modo più efficace ed empatico.

Capitolo 9: L'Arte della Persuasione

La persuasione è una forma d'arte tanto quanto una scienza psicologica, un intreccio di abilità comunicative e comprensione dei meccanismi umani che governano il cambiamento d'opinione. I principi fondamentali della persuasione sfruttano la nostra tendenza a comportarci in modi che consideriamo congruenti con la nostra immagine personale, i nostri valori e le influenze sociali che ci circondano.

Capire questi principi significa immergersi nell'analisi di come le persone formano le loro credenze e quali fattori possono incoraggiare una riconsiderazione o un cambiamento di prospettiva. A tal proposito, le ricerche nel campo della psicologia sociale hanno evidenziato come fattori quali la reciprocità, la coerenza, la simpatia, l'autorità, la rarità e il consenso sociale svolgano un ruolo cruciale nei processi di persuasione.

La reciprocità, per esempio, è radicata nella nostra naturale inclinazione a restituire favori e cortesie. Quando qualcuno ci fa un dono o ci concede un privilegio, ci sentiamo spinti a ricambiare in qualche modo. Questo principio è spesso utilizzato in contesti di marketing, dove un 'regalo' gratuito può predisporre il ricevente a un successivo acquisto.

La coerenza è un altro potente principio psicologico, che si basa sul nostro bisogno intrinseco di agire in modo conforme alle nostre dichiarazioni e azioni passate. Una volta che ci siamo impegnati verbalmente o per iscritto, tendiamo a seguire quella linea d'azione. È per questo che, in situazioni di negoziazione, ottenere piccoli impegni iniziali può portare a concessioni più significative.

La simpatia gioca un ruolo chiave nella persuasione, in quanto siamo più inclini ad essere influenzati da persone che ci piacciono o con cui ci identifichiamo. Questo spiega la popolarità di testimonial e influencer nel campo pubblicitario: se ammiriamo o ci riconosciamo in qualcuno, siamo più aperti ai suoi messaggi.

L'autorità è un principio che sottolinea l'influenza dei periti o delle figure considerate esperte. Siamo più propensi a seguire il consiglio o l'esempio di qualcuno che crediamo sia competente e affidabile. Non a caso, esperti e personaggi pubblici sono spesso chiamati a indossare prodotti o idee.

La rarità conferisce valore all'unicità e alla disponibilità limitata, rendendo un'idea o un prodotto più desiderabile semplicemente perché è raro o difficile da ottenere. La sensazione di urgente bisogno scatenata dalla rarità può essere molto persuasiva.

Infine, il consenso sociale riflette il modo in cui le decisioni delle persone sono influenzate dalle azioni e dalle approvazioni degli altri, specialmente in situazioni di incertezza. Vedere che altri hanno scelto una certa strada può essere un potente catalizzatore per la decisione di seguire lo stesso percorso.

Intrecciando questi principi con un'attenta considerazione del contesto e dell'audience, chi pratica l'arte della persuasione può modellare efficacemente i suoi messaggi. Si tratta di capire profondamente gli aspetti psicologici che guidano la decisione e la convinzione di un individuo, applicando questa comprensione in modo responsabile per influenzare le opinioni e le azioni in modo positivo ed etico.

La persuasione, quando utilizzata con rispetto e attenzione alla dignità della persona, può essere un potente strumento di cambiamento sociale e personale. Chiunque sia coinvolto in questo campo deve quindi agire con una profonda consapevolezza dell'impatto che le parole e le azioni possono avere sulle percezioni e sulla psicologia degli altri.

Un argomento persuasivo si costruisce sulla capacità di plasmare le parole in un ordito che catturi l'attenzione e conduca l'interlocutore attraverso un viaggio logico e emotivo. La struttura di tale argomento non è soltanto una questione di logica fredda o di appassionate appellazioni emotive, ma un equilibrio delicato tra le due, con l'obiettivo di influenzare non solo il pensiero ma anche il sentimento dell'ascoltatore.

Il fulcro di un argomento persuasivo risiede nella sua tesi principale, l'affermazione che si desidera provare. Attorno a questa tesi si costruisce una serie di pilastri: le prove e le ragioni che sostengono la posizione proposta. È qui che si fonde la concretezza dei fatti con la potenza delle storie, che si manifestano attraverso esempi, statistiche, testimonianze ed esperienze personali. L'efficacia di questi supporti dipende dalla loro pertinenza e dalla loro capacità di resistere al dubbio e al contraddittorio.

Inoltre, l'argomentazione deve anticipare e neutralizzare le obiezioni. Questo non solo rafforza la posizione presentata, ma dimostra anche che l'argomentatore ha considerato la questione in modo olistico, valutando diverse prospettive. Ciò è particolarmente importante perché mostra che la tesi non è solo ben ponderata, ma anche che chi argomenta è equo e aperto al dialogo.

Per suscitare l'adesione del pubblico è anche vitale appellarsi ai valori e alle emozioni condivisi. Questo significa identificare i punti di interesse comuni o le preoccupazioni dell'audience e dimostrare come la propria tesi risponda a questi aspetti o li valorizzi. La narrazione gioca qui un ruolo chiave, poiché una storia ben raccontata può far vivere agli ascoltatori la realtà che si cerca di dipingere, facendo leva sulle emozioni per indurre empatia e comprensione.

La chiusura di un argomento persuasivo deve essere memorabile, un momento in cui si condensa l'essenza dell'intero discorso in un appello all'azione o in una riflessione profonda che risuona con le corde più intime degli ascoltatori. È il punto in cui si riepilogano i momenti salienti dell'argomentazione non con un semplice riassunto, ma mostrando come ogni pezzo del puzzle contribuisca a una comprensione più ampia e perché questo sia importante per chi ascolta.

In tutta la strutturazione dell'argomentazione, l'uso della lingua è cruciale. Il linguaggio deve essere chiaro ma evocativo, semplice ma non banale, autorevole senza essere autoritario. Ogni parola, ogni frase, ogni pausa ha un suo peso specifico nel tessuto dell'argomentazione e serve a costruire quella credibilità e quell'affidabilità che sono alla base di ogni efficace persuasione.

L'articolazione di un argomento persuasivo, quindi, non è un mero esercizio di stile o retorica, ma l'espressione di un pensiero complesso e maturo che si avvale di tecniche comunicative per raggiungere il cuore e la mente. La sua forza risiede nella capacità di toccare le corde giuste, di stabilire connessioni emotive e razionali che sopravvivono ben oltre le ultime parole pronunciate.

La storia è disseminata di esempi in cui la parola parlata ha funto da catalizzatore per il cambiamento, incitando le masse, modificando il corso della politica e persino determinando il destino delle nazioni. Esemplari in questo senso sono i discorsi di grandi leader e personaggi storici, la cui eloquenza e capacità retorica hanno lasciato un segno indelebile nel tempo.

Pensiamo al celebre "I have a dream" di Martin Luther King Jr., un discorso che non solo rifletteva l'ardente desiderio di eguaglianza e di giustizia per la comunità afroamericana, ma che si innalzava come un faro di speranza per tutti coloro che subivano discriminazioni. L'uso sapiente della ripetizione, l'evocazione di immagini potenti e la proiezione di una visione di un futuro migliore ne fecero un'orazione capace di suscitare un'onda di passione e di determinazione in chi ascoltava.

Un altro discorso che rimane un punto di riferimento di persuasione retorica è il "Blood, Toil, Tears and Sweat" di Winston Churchill. Con la minaccia del nazismo alle porte, Churchill dovette persuadere il popolo britannico della necessità di un impegno bellico totale. Il suo discorso fu caratterizzato da un linguaggio schietto e diretto, che riconosceva le difficoltà imminenti ma allo stesso tempo infondeva coraggio e un senso di unità nazionale.

Non meno influente fu il discorso "Gettysburg Address" di Abraham Lincoln, breve in termini di parole ma immenso nella portata del suo significato. In poche frasi, Lincoln riuscì a commemorare i caduti in battaglia e a ricontestualizzare la Guerra Civile come una lotta non solo per la preservazione dell'Unione, ma anche per la promessa di libertà e di uguaglianza.

Questi esempi dimostrano che un discorso persuasivo va oltre la semplice presentazione di argomenti. Esso si radica nell'arte di connettere con il pubblico su piani profondamente umani e universali, plasmando le emozioni e le convinzioni degli ascoltatori attraverso il potere del linguaggio.

Un discorso efficace, quindi, è costruito sulla capacità del parlatore di entrare in risonanza con le speranze, le paure e i desideri del suo pubblico. Gli oratori storici hanno utilizzato tecniche come il pathos, per toccare le corde emotive; l'ethos, per stabilire la loro credibilità; e il logos, per fornire una base logica alle loro richieste. Ma forse il loro talento più grande è stato quello di narrare una storia in cui ogni ascoltatore potesse vedere riflesse le proprie ansie e aspirazioni, una storia in cui il personale diventava politico e il politico personale.

Guardando a questi discorsi trascendentali, si osserva un tessuto oratorio che trama insieme la precisione dell'argomentazione con l'universalità dell'emozione umana. E proprio qui, in questa capacità di muovere gli spiriti e di influenzare il pensiero collettivo, risiede la vera arte della persuasione.

L'avvento del digitale ha trasformato l'arte della persuasione, amplificandone la portata e modificandone le tecniche. Nell'era digitale, la persuasione permea ogni aspetto della vita online, dai post sui social media alle campagne di marketing, dai blog di opinione ai video virali. La rete ha offerto nuovi palcoscenici per gli oratori e nuovi strumenti per influenzare l'opinione pubblica.

La comunicazione digitale richiede un approccio differente. Con l'abbondanza di informazioni disponibili e la brevità dell'attenzione degli utenti, i messaggi devono essere incisivi e coinvolgenti fin dal primo istante. Gli elementi visivi diventano fondamentali: un'immagine potente o un video accattivante possono avere un impatto immediato e diffondersi rapidamente attraverso i confini geografici e culturali.

Anche la narrativa si adatta a questo mutamento: le storie devono essere brevi ma potenti, capaci di essere raccontate in poche righe di testo o in un breve video. Inoltre, la personalizzazione dei messaggi gioca un ruolo chiave; grazie all'analisi dei dati, è possibile indirizzare il messaggio persuasivo direttamente agli interessi specifici del pubblico di riferimento, incrementando significativamente la possibilità di cambiamento di atteggiamento o di comportamento.

La retorica in rete, tuttavia, comporta anche nuove sfide etiche e pratiche. Le "echo chambers", o camere dell'eco, e i "filter bubbles", le bolle di filtro, possono limitare la portata della persuasione a un pubblico già incline a un certo punto di vista, riducendo l'opportunità di dibattito costruttivo. Inoltre, la facilità con cui le informazioni possono essere distorte o le notizie false possono essere diffuse pone interrogativi sulla responsabilità di chi comunica e sulla verifica delle fonti.

La capacità di adattarsi a questi cambiamenti è cruciale per chiunque voglia esercitare l'arte della persuasione nell'attuale contesto mediatico. Gli influencer dei social media, ad esempio, sfruttano la loro autenticità percepita e la prossimità virtuale ai loro follower per creare un senso di fiducia e comunità, rendendo i loro appelli persuasivi più efficaci.

E mentre le piattaforme digitali evolvono, anche gli strumenti di persuasione si affinano. Tecniche come lo storytelling visivo, il content marketing mirato e l'engagement attraverso la gamification stanno diventando sempre più sofisticati, consentendo ai messaggi di risuonare con maggiore forza nell'oceano di contenuti online.

In questo nuovo ambiente digitale, i principi fondamentali della persuasione, cioè chiarezza, empatia, appello logico ed etico, rimangono più vitali che mai, ma devono essere tradotti in modalità che siano adeguate all'epoca. La capacità di evolvere e innovare nelle tecniche comunicative, senza perdere di vista l'essenza della persuasione, sarà ciò che definirà i comunicatori di successo del futuro digitale.

Nell'analizzare l'arte della persuasione, è fondamentale considerare l'etica che ne sta alla base. La persuasione può essere uno strumento di grande potere e, come tale, solleva questioni morali significative. Nell'uso etico della persuasione, è cruciale assicurarsi che l'intenzione sia onorevole e che il persuasore rispetti sempre la libertà e l'autonomia dell'individuo.

Il rispetto per la verità è il primo baluardo etico della persuasione. Presentare informazioni fuorvianti o distorte per indurre qualcuno a fare una scelta contro il proprio interesse o senza una comprensione piena delle conseguenze va contro i principi etici. Inoltre, è essenziale evitare l'appello a pregiudizi o emozioni irrazionali. Mentre l'emozione è un componente critico della comunicazione umana, utilizzarla per manipolare piuttosto che per informare è considerato eticamente discutibile.

Un'altra considerazione importante è il rispetto per l'audience. Ciò implica riconoscere la diversità di background, esperienze e valori, e astenersi dallo sfruttare le vulnerabilità del pubblico. Ad esempio, nella pubblicità, particolare cautela deve essere usata quando il target è costituito da gruppi vulnerabili, come i bambini o le persone in condizioni di stress psicologico.

In ambito digitale, dove la personalizzazione dei dati può rendere la persuasione estremamente mirata, è importante garantire che i dati siano utilizzati in modo responsabile. La raccolta e l'uso di dati personali senza il consenso informato dell'utente possono costituire una violazione della privacy e portare a pratiche di persuasione che confinano con la manipolazione.

La persuasione deve anche essere limitata dalla responsabilità sociale. Un comunicatore responsabile dovrebbe riflettere su come il suo messaggio influenzi il tessuto sociale più ampio. È cruciale valutare le possibili conseguenze a lungo termine delle tecniche persuasive usate, soprattutto quando potrebbero incitare all'azione collettiva che potrebbe avere effetti nocivi sulla società.

Infine, è essenziale che ci sia sempre una possibilità di dialogo e di scambio equo. La persuasione non dovrebbe mai chiudere la porta alla contraddizione, al dibattito o al dissenso. L'autenticità e la trasparenza del comunicatore sono cruciali per mantenere la fiducia e il rispetto dell'audience.

Mentre la persuasione è un elemento fondamentale del discorso umano e può essere utilizzata per nobili fini, come incoraggiare comportamenti salutari o promuovere giustizia sociale, la linea tra persuasione e manipolazione può essere sottile. È un dovere sia per chi comunica sia per il pubblico rimanere vigili e richiedere standard etici elevati. Coloro che impiegano le tecniche della persuasione devono essere sempre consapevoli delle loro responsabilità etiche, lavorando per assicurare che la loro influenza sia esercitata con integrità e rispetto per l'individuo.

Capitolo 10: Comunicazione Efficace nel Contesto Sociale e Professionale

Il networking è un'arte comunicativa che gioca un ruolo chiave tanto nella crescita personale quanto in quella professionale. Nell'essenza più pura, il networking non è una mera raccolta di contatti, ma l'abilità di tessere e mantenere relazioni significative. È un processo dinamico che richiede autenticità, ascolto attivo e uno scambio reciproco di valore.

Comunicare efficacemente nel networking inizia con l'auto-presentazione. È importante essere chiari su chi siamo, quali sono i nostri interessi e cosa possiamo offrire. Tuttavia, ancor più fondamentale è mostrare un genuino interesse verso gli altri. Fare domande aperte e ascoltare con attenzione non solo fornisce approfondimenti su potenziali collaborazioni, ma dimostra anche rispetto e apprezzamento per il nostro interlocutore, costruendo un terreno solido per relazioni future.

È altresì essenziale l'abilità di condividere informazioni in modo conciso e coinvolgente. Le storie personali e le esperienze possono essere un potente strumento di connessione emotiva, ma devono essere narrate con chiarezza e scopo. Un buon racconto nel networking non è fine a sé stesso, ma è un ponte che collega la nostra esperienza con gli interessi comuni e le opportunità di collaborazione.

La coerenza è un altro aspetto cruciale. Comunicare con regolarità e mantenere le promesse rafforza la fiducia e dimostra affidabilità. Se ci impegniamo a fare follow-up dopo un incontro o a condividere una risorsa, è vitale agire di conseguenza. La reputazione nel networking si costruisce nel tempo attraverso azioni coerenti e comunicazioni oneste.

Inoltre, l'adattabilità è fondamentale nel networking. Ogni individuo è unico, e la capacità di adeguare il proprio stile comunicativo a diversi contesti e personalità può aprire porte e creare ponti là dove altri vedono muri. Che si tratti di un evento informale o di un convegno professionale, saper navigare diverse situazioni sociali con versatilità è un asset prezioso.

Tuttavia, il vero cuore del networking è il valore della reciprocità. Non si tratta solo di quello che gli altri possono fare per noi, ma di come possiamo essere utili a loro. Offrire la nostra assistenza, condividere conoscenze o mettere in contatto persone con interessi affini è il fondamento su cui costruire una rete sana e sostenibile.

Un efficace networker sa che la rete di contatti non si misura solo in numeri, ma nella qualità e profondità delle connessioni stabilite. Ogni interazione è un'opportunità per seminare il seme di una futura collaborazione, partnership o amicizia. È un dialogo continuo che, se curato con cura e attenzione, può fiorire in una rete di sostegno personale e professionale che dura nel tempo.

La comunicazione nel networking, quindi, si distilla in un equilibrio tra esprimere la propria identità e valorizzare quella altrui, tra offrire e chiedere, tra parlare e ascoltare. Chi padroneggia queste dinamiche non solo amplia il proprio orizzonte di possibilità, ma contribuisce a un tessuto sociale ed economico più interconnesso e resiliente.

La comunicazione professionale è l'ossatura delle interazioni nel mondo del lavoro, con particolare rilievo nelle riunioni, nelle presentazioni e nei colloqui. Questi contesti richiedono un alto grado di preparazione, chiarezza e capacità di adattamento per trasmettere messaggi in modo efficace e professionale.

Innanzitutto, nelle riunioni è essenziale entrare con un'agenda ben definita e chiara. Questo aiuta a mantenere il focus dell'incontro e assicura che tutti i partecipanti siano sulla stessa lunghezza d'onda. Essere capaci di guidare la discussione senza divagare è un'arte che richiede pratica e precisione. Allo stesso tempo, è importante incoraggiare la partecipazione attiva, facilitando un ambiente in cui tutti si sentono ascoltati e valorizzati. Questo non solo migliora la qualità del dialogo ma anche quella delle decisioni prese collettivamente.

Nelle presentazioni, l'abilità di comunicare in modo chiaro e persuasivo diventa ancora più critica. La capacità di connettersi con l'audience, di mantenere l'attenzione e di illustrare concetti complessi in maniera semplice è fondamentale. Una buona presentazione spesso inizia con una narrazione forte, che lega fatti e dati a una storia che risuona con gli ascoltatori. Utilizzare visivi efficaci e evitare di sovraccaricare di informazioni sono tecniche chiave per mantenere l'audience coinvolta e interessata.

I colloqui di lavoro, d'altro canto, sono il terreno su cui le prime impressioni possono fare la differenza.

Qui, la comunicazione non verbale e l'ascolto attivo assumono un ruolo altrettanto importante di ciò che viene detto. Dimostrare sicurezza senza arroganza, entusiasmo senza eccesso e competenza con umiltà può bilanciare l'interazione a favore del candidato. Rispondere alle domande in modo diretto, ma con l'apertura a discutere più ampiamente i temi trattati, mostra un approccio riflessivo e adattabile.

In tutti e tre i contesti, il feedback rappresenta un componente vitale. Nelle riunioni, può orientare la prossima agenda; nelle presentazioni, può migliorare le future performance; nei colloqui, può fornire intuizioni preziose per lo sviluppo professionale. Il feedback costruttivo, dato e ricevuto con rispetto e considerazione, alimenta la crescita individuale e collettiva.

La dote più grande in ogni aspetto della comunicazione professionale è forse la capacità di ascolto. Ascoltare attivamente non significa solo udire le parole, ma comprendere i concetti, le emozioni e le intenzioni che si celano dietro. È un segno di rispetto e un modo per costruire una comprensione reciproca più profonda.

Dunque, che si tratti di dirigere una riunione, di incantare un'audience con una presentazione o di impressionare in un colloquio, le tecniche di comunicazione efficace sono strumenti inestimabili. La padronanza di queste abilità non si limita alla capacità di parlare bene o di utilizzare tecnicismi; risiede nell'arte di creare una connessione autentica, nel valorizzare ogni momento di interazione e nel lasciare un'impressione duratura che va oltre le parole scambiate. La vera competenza comunicativa in ambiente professionale si manifesta attraverso l'integrazione armoniosa di preparazione, espressione e ascolto, elementi indispensabili per navigare con successo il mare delle relazioni lavorative.

Gestire la comunicazione all'interno dei gruppi e dei team rappresenta una sfida cruciale nel contesto sociale e professionale. Un team che comunica efficacemente ha una maggiore probabilità di risolvere problemi, di innovare e di raggiungere i propri obiettivi. La gestione di questa dinamica richiede una comprensione delle diverse personalità, delle competenze e delle aspettative di ciascun membro del gruppo.

Per innescare un dialogo produttivo in un gruppo, è fondamentale stabilire norme di comunicazione condivise. Questo implica definire come e quando i membri dovrebbero comunicare. Ad esempio, alcuni gruppi possono beneficiare di riunioni regolari, mentre altri potrebbero trovare più efficace l'uso di piattaforme di messaggistica istantanea per aggiornamenti rapidi e discussioni asincrone. In ogni caso, è importante assicurarsi che le linee di comunicazione siano sempre aperte e che ogni membro si senta a proprio agio nel condividere idee e feedback.

Un elemento chiave nella comunicazione di gruppo è il riconoscimento e la valorizzazione della diversità di opinioni. Ciò implica incoraggiare un ambiente in cui il dissenso possa essere espresso in modo costruttivo. Quando un team riesce a trasformare le diverse prospettive in una forza piuttosto che in un punto di frizione, si apre la strada all'innovazione e alla crescita collettiva. Questo processo inizia con il rispetto reciproco e con la comprensione che ogni voce ha valore.

Nel gestire la comunicazione nei team, la leadership gioca un ruolo cruciale. I leader devono essere modelli di comunicazione efficace, dimostrando ascolto attivo, empatia e chiarezza. Devono essere in grado di sintetizzare le discussioni, di evidenziare i punti di accordo e di guidare il gruppo verso decisioni consensuali. Inoltre, dovrebbero essere attenti a non lasciare indietro nessuno, facendo in modo che anche i membri più silenziosi siano coinvolti e ascoltati.

Oltre alle dinamiche interpersonali, la gestione della comunicazione in gruppo richiede anche un utilizzo adeguato degli strumenti tecnologici. Piattaforme collaborative, software per la gestione di progetti e strumenti di comunicazione a distanza sono divenuti elementi integranti nel tessuto delle interazioni di gruppo moderne. La competenza nell'utilizzare queste tecnologie non solo migliora l'efficienza ma facilita anche l'inclusione e l'accessibilità per i membri del team che lavorano in condizioni diverse.

Infine, la risoluzione dei conflitti è una componente inevitabile della comunicazione di gruppo. Approcciare i disaccordi con mente aperta, volontà di ascoltare e determinazione a trovare soluzioni eque è vitale. Questo non solo aiuta a mantenere un clima positivo ma insegna al gruppo a gestire le divergenze future in modo più efficace.

La gestione della comunicazione all'interno di un gruppo è dunque una danza delicata tra espressione individuale e coesione collettiva. Non si tratta semplicemente di parlare e ascoltare, ma di tessere insieme le diverse filature delle individualità in un tessuto robusto e funzionale che avvolge e sostiene l'intera struttura del team. Questo intreccio di competenze comunicative e relazionali costruisce la base per gruppi e team di successo, capaci non solo di raggiungere obiettivi comuni, ma anche di crescere e prosperare attraverso le sfide.

I social media sono diventati parte integrante della nostra vita quotidiana, tanto a livello personale quanto professionale. Queste piattaforme offrono opportunità senza precedenti per raggiungere un vasto pubblico, ma richiedono anche una comprensione profonda di come utilizzarle in modo efficace per comunicare.

Nel contesto sociale e professionale, i social media possono funzionare come un potente strumento di networking. Possono aiutare a costruire e mantenere relazioni, a condividere competenze e conoscenze, e a posizionarsi come leader di pensiero in un determinato campo. Il segreto sta nel saper navigare le sfumature di ogni piattaforma, personalizzando i messaggi in base alle peculiarità e al pubblico di ciascuna.

Per comunicare efficacemente attraverso i social media, è essenziale sviluppare una strategia chiara. Questo comporta la definizione di obiettivi specifici: che si tratti di aumentare la consapevolezza su un tema, generare lead per un'attività commerciale o costruire una rete professionale, ogni post dovrebbe avere uno scopo definito. Questo focus aiuta a creare contenuti rilevanti e mirati che risuonano con il pubblico desiderato.

La coerenza è un altro aspetto fondamentale. Essere regolari con i post e mantenere uno stile e una voce consistenti aiuta a costruire un marchio personale o aziendale riconoscibile. La coerenza, tuttavia, non significa monotonia; al contrario, la varietà nei formati dei contenuti, dai post di testo ai video, dalle immagini ai podcast, può mantenere l'engagement del pubblico e fornire valore in modi diversi.

Interagire con il pubblico è vitale: rispondere ai commenti, partecipare a discussioni e riconoscere il feedback positivo contribuisce a costruire una comunità attorno al marchio o alla persona. Questo tipo di interazione diretta, che non ha pari in altri canali di comunicazione tradizionali, può trasformare i follower in veri e propri ambasciatori.

Oltre all'engagement, è cruciale prestare attenzione all'ascolto sociale, cioè, monitorare ciò che si dice sui social media riguardo a temi rilevanti per il marchio o l'individuo. L'ascolto sociale può fornire insight preziosi sul mercato, sulle preferenze del pubblico e sulle performance dei contenuti, permettendo di affinare la strategia in corso d'opera.

Inoltre, la responsabilità è un aspetto che non può essere trascurato. Ogni post, commento o condivisione deve essere considerato alla luce di come potrebbe essere percepito pubblicamente. Un singolo passo falso può avere conseguenze a lungo termine sull'immagine personale o del brand. Pertanto, la prudenza e l'adeguamento ai principi etici sono imprescindibili.

Infine, per rimanere rilevanti e in vista, è importante essere aggiornati sulle tendenze dei social media e adattarsi alle nuove funzionalità e algoritmi. L'apprendimento e l'adattamento continui consentono di sfruttare al meglio le potenzialità di queste piattaforme.

La comunicazione attraverso i social media, quindi, non si limita al mero invio di messaggi nel ciberspazio. Si tratta di un processo attivo e dinamico di costruzione di relazioni, di ascolto e di adattamento continuo. Quando utilizzati con strategia e consapevolezza, i social media possono trasformarsi in uno strumento di comunicazione potente, capace di connettere le persone non solo attraverso schermi e tastiere, ma su un piano più ampio e significativo di scambio e collaborazione.

Nel mondo della comunicazione, sia esso personale che professionale, affrontare la critica e il dissenso è inevitabile. L'abilità di gestire queste situazioni con equilibrio e diplomazia è fondamentale per mantenere relazioni solide e costruttive. Non è tanto la critica in sé a definire il nostro percorso, quanto la maniera in cui scegliamo di rispondervi.

Quando si riceve un feedback negativo, è importante anzitutto ascoltare attivamente. Questo non significa solo udire le parole, ma comprenderne il significato profondo e il contesto. Ascoltare con attenzione può rivelare se la critica proviene da un malinteso o se c'è una questione legittima che necessita attenzione. Inoltre, dimostrare di ascoltare con rispetto può di per sé ridurre la tensione e aprire la strada al dialogo.

Dopo aver ascoltato, è cruciale valutare la critica in maniera oggettiva. Ciò richiede distaccamento emotivo e la capacità di separare la persona dal problema. Non tutte le critiche sono costruttive o meritevoli di risposta, ma quando lo sono, possono fornire opportunità di crescita personale e miglioramento professionale. Identificare eventuali verità nel feedback ricevuto può essere il primo passo verso il progresso.

Una volta valutata la validità della critica, è tempo di formulare una risposta. Se appropriato, ammettere gli errori può mostrare integrità e la volontà di apprendere dai propri sbagli. Quando invece la critica non è fondata, è importante rimanere calmi e rispondere con fatti e dati oggettivi, evitando di scendere a livello personale o di iniziare un conflitto.

Un'ulteriore tattica è l'utilizzo della comunicazione assertiva. Essere assertivi significa esprimere il proprio punto di vista rispettando quello altrui, senza essere aggressivi né passivi. Questo approccio consente di stabilire confini chiari e di mantenere la propria posizione con fermezza ma rispetto.

La gestione del dissenso, in particolare, può beneficiare dell'applicazione di tecniche di risoluzione dei conflitti. La ricerca di un terreno comune o la proposta di una soluzione win-win dove entrambe le parti ottengono qualcosa, aiuta a trasformare il dissenso in una conversazione produttiva. Questo può essere particolarmente efficace nei team di lavoro, dove l'armonia e la collaborazione sono essenziali per il successo collettivo.

Infine, è importante riconoscere che il dissenso non è necessariamente negativo. Può essere un segno di impegno e passione verso un progetto o un'idea. Creare uno spazio dove il dissenso è permesso e la critica può essere espressa in modo costruttivo incoraggia l'innovazione e impedisce il formarsi di un ambiente eccessivamente conformista.

In definitiva, sia che ci si trovi a gestire una critica imprevista o a navigare un mare di opinioni contrastanti, mantenere la calma e approcciare la situazione con strategia e apertura mentale sono i pilastri di una comunicazione efficace. Il dissenso non deve essere visto come un ostacolo, ma come un catalizzatore che può stimolare il cambiamento positivo e la crescita sia a livello personale che professionale. Attraverso l'ascolto attivo, la valutazione obiettiva e una comunicazione assertiva, è possibile trasformare le sfide della critica e del dissenso in opportunità per rafforzare relazioni e risultati.

Capitolo 11: Integrare e Applicare le Competenze Comunicative

In un mondo che si evolve rapidamente, la comunicazione efficace è più che mai una competenza essenziale. Non si tratta solo di parlare o scrivere bene; comunicare con efficacia significa essere in grado di comprendere ed essere compresi in una varietà di contesti e piattaforme. Integrare le competenze comunicative nella vita di tutti i giorni può sembrare un compito arduo, ma con le giuste strategie, questo processo può divenire naturale e spontaneo.

Una delle prime strategie consiste nell'osservazione consapevole. Siamo circondati da innumerevoli esempi di comunicazione ogni giorno: notiziari, dialoghi nei film, conversazioni tra amici. Osservare attivamente come gli altri comunicano — notando non solo le parole, ma anche il linguaggio del corpo, il tono di voce, e la struttura dei messaggi — può fornire intuizioni preziose su ciò che rende la comunicazione efficace o meno.

Altrettanto importante è la riflessione su come la comunicazione influenza le relazioni personali. Prendersi un momento per considerare le proprie interazioni quotidiane può rivelare molto su come le parole e i comportamenti vengono percepiti dagli altri. Ciò include fare attenzione non solo a ciò che si dice, ma anche a come si dice. Ad esempio, un tono gentile e un ascolto attivo possono andare molto oltre nel trasmettere empatia e comprensione, anche in situazioni cariche di tensione.

Mettere in pratica ciò che si apprende è fondamentale. Ciò può essere fatto tramite piccoli cambiamenti nel comportamento quotidiano, come praticare l'ascolto attivo durante le conversazioni, esprimere i propri pensieri in modo chiaro e conciso, e fare domande aperte che stimolano un dialogo profondo. Ogni interazione offre l'opportunità di esercitare queste competenze, che si tratti di ordinare un caffè o di discutere un progetto importante con colleghi.

Anche l'auto-miglioramento attraverso il feedback è un aspetto vitale dell'integrazione delle competenze comunicative. Chiedere ai propri interlocutori che tipo di impatto ha il nostro modo di comunicare può fornire spunti utili per migliorare. Questo richiede un certo grado di vulnerabilità e apertura al cambiamento, ma è un investimento che ripaga in termini di sviluppo personale.

La scrittura quotidiana, che sia tenere un diario, scrivere e-mail o aggiornamenti sui social media, offre un'altra preziosa occasione per rifinire le proprie capacità comunicative. La scrittura costringe a organizzare i propri pensieri in modo coerente, un esercizio utile anche nella comunicazione verbale.

Ricordiamo, infine, che la comunicazione è un viale a doppio senso. Ascoltare con la stessa intensità con cui si desidera essere ascoltati è forse la più preziosa delle competenze comunicative da integrare nella vita di tutti i giorni. L'ascolto non è solo una cortesia; è un modo per arricchire la propria comprensione del mondo e degli altri, favorendo così una comunicazione più autentica e significativa.

Unendo osservazione, pratica, riflessione e feedback, le competenze comunicative possono diventare parte integrante del tessuto quotidiano dell'esistenza. Ogni conversazione è un tassello che, aggiunto agli altri, costruisce il mosaico di una comunicazione efficace, trasformando così ogni interazione in un'opportunità di crescita e connessione.

L'eccellenza comunicativa non è un traguardo che si raggiunge per caso, ma il risultato di un impegno cosciente e costante nel tempo. Sviluppare un piano personale per affinare le proprie competenze comunicative è come tracciare una mappa che conduca attraverso il territorio complesso delle interazioni umane. Un piano ben strutturato permette di navigare con sicurezza verso l'obiettivo dell'eccellenza, evitando gli ostacoli comuni che possono intralciare il percorso.

Il punto di partenza è la consapevolezza di sé: comprendere i propri punti di forza e le aree di miglioramento in termini di comunicazione. Questo può richiedere un'autovalutazione onesta o la ricerca di feedback da parte di colleghi, amici o mentori. Identificare i modelli comunicativi personali è indispensabile per riconoscere abitudini che possono ostacolare o favorire il flusso chiaro delle idee.

Dopo questa valutazione, la definizione degli obiettivi specifici è il prossimo passo critico. Gli obiettivi dovrebbero essere SMART (Specifici, Misurabili, Attuabili, Rilevanti, Temporizzati), come ad esempio migliorare la capacità di parlare in pubblico entro sei mesi partecipando a un corso di oratoria o a incontri di un club di public speaking. Impostare traguardi ben definiti fornisce una struttura entro cui operare e misurare i progressi.

Una volta stabiliti gli obiettivi, è fondamentale elaborare una strategia di azione. Questo può includere la pianificazione di attività quotidiane, settimanali e mensili per esercitare le abilità comunicative. L'azione può spaziare dal partecipare a workshop, leggere libri sulla comunicazione, fino all'iscriversi a corsi online o al coinvolgimento in nuove esperienze sociali che stimolano la pratica delle competenze acquisite.

L'implementazione del piano necessita di essere flessibile. Le circostanze cambiano e con esse le opportunità di comunicare. Pertanto, è importante rimanere aperti all'adattamento del piano, incorporando nuove metodologie e tecniche. Ciò può significare, ad esempio, sperimentare l'uso di nuovi strumenti digitali per la comunicazione a distanza o adattare il proprio stile comunicativo in risposta ai feedback ricevuti.

Un aspetto cruciale del piano è il monitoraggio dei progressi. Questo non solo incoraggia la responsabilità personale, ma permette anche di celebrare i successi lungo il percorso. Registrazioni audio o video delle presentazioni, diari riflessivi, o anche solo una checklist delle competenze da acquisire possono essere strumenti utili per questo scopo.

Infine, il piano deve includere momenti regolari per la riflessione e la valutazione complessiva. Questo permette di rimanere concentrati sugli obiettivi e di effettuare aggiustamenti qualora si rendano necessari. L'auto-riflessione può inoltre aiutare a interiorizzare le competenze acquisite e a riconoscere come queste influenzino positivamente non solo la vita professionale, ma anche quella personale.

Attraverso la consapevolezza di sé, la definizione di obiettivi chiari, una strategia d'azione concreta, flessibilità, monitoraggio dei progressi e riflessione, il piano personale per l'eccellenza comunicativa diventa un percorso continuo di crescita. Ogni passo avanti è una tessera che si aggiunge al mosaico delle competenze comunicative, permettendo così di articolare con maggiore maestria la danza delle parole e dei gesti che tessono le relazioni umane.

Le simulazioni e i role-play sono strumenti potenti per l'apprendimento e il miglioramento delle abilità comunicative. Attraverso queste tecniche, è possibile ricreare situazioni realistiche in cui le persone possono sperimentare e riflettere su diverse strategie comunicative, senza le pressioni che spesso accompagnano le situazioni reali. È un po' come avere una sala prove per la vita, dove errori e scoperte diventano preziosi insegnamenti.

Nell'ambito professionale, i role-play possono essere usati per prepararsi a negoziazioni complesse, gestione dei conflitti, vendite, assistenza al cliente, e per migliorare l'empatia nei leader. In ambito personale, possono aiutare a esercitarsi in conversazioni difficili, come quelle che richiedono la discussione di argomenti delicati con amici o familiari. La chiave sta nel creare scenari che rispecchino le sfide comunicative specifiche che un individuo può incontrare.

Per rendere efficace un esercizio di role-play, è fondamentale iniziare con la definizione degli obiettivi di apprendimento. Cosa vuole raggiungere la persona con questa simulazione?

Forse vuole imparare a mantenere la calma sotto pressione, o forse vuole sviluppare abilità persuasive più forti. Una volta stabilito l'obiettivo, si procede con la creazione di uno scenario che offre l'opportunità di praticare proprio quella competenza.

Un altro elemento essenziale è il feedback. Dopo ogni sessione di role-play, i partecipanti dovrebbero avere la possibilità di riflettere sull'esperienza e ricevere commenti costruttivi dagli osservatori o dagli altri partecipanti. Il feedback è prezioso perché fornisce diverse prospettive su ciò che è andato bene e su ciò che potrebbe essere migliorato. Tuttavia, per essere efficace, il feedback deve essere dato in modo che sia specifico, centrato sul comportamento e non sulla persona, e che offra suggerimenti pratici per il miglioramento.

Un aspetto spesso trascurato è l'importanza dell'autovalutazione nel processo di apprendimento tramite role-play. Incoraggiare i partecipanti a riflettere su sé stessi e sulle loro reazioni durante la simulazione può portare a intuizioni profonde e al cambiamento di comportamenti comunicativi radicati. Questa pratica può aiutare a sviluppare la consapevolezza di sé, che è fondamentale per una comunicazione efficace.

Incorporare regolarmente le simulazioni e i role-play nel percorso di sviluppo personale può accelerare l'acquisizione di abilità comunicative perché l'apprendimento avviene facendo molta pratica. Questo tipo di pratica attiva e coinvolgente consente alle persone di sperimentare in sicurezza, di prendere rischi calcolati e di apprendere dai risultati senza timore di conseguenze negative.

Utilizzando scenari diversificati e adattati ai vari contesti, la simulazione e il role-play permettono di esplorare e migliorare una vasta gamma di competenze comunicative. La pratica costante in queste situazioni simulate contribuisce a costruire una solida competenza comunicativa che poi può essere trasferita con sicurezza nelle situazioni della vita reale. Attraverso la riflessione e l'adattamento continui, questi metodi di apprendimento svolgono un ruolo cruciale nello sviluppo di una comunicazione veramente efficace, capace di navigare con disinvoltura tra le complessità delle relazioni interpersonali.

Misurare l'efficacia della comunicazione è fondamentale per il miglioramento continuo delle proprie abilità. Per fare ciò, occorre implementare strumenti di valutazione e feedback che permettano una riflessione obiettiva sulle performance comunicative. La valutazione efficace si concentra non solo su ciò che viene detto, ma anche su come viene detto, il contesto in cui la comunicazione avviene e l'impatto che essa ha sugli altri.

L'autoanalisi è il punto di partenza. Porre domande a sé stessi come "Sono stato chiaro?" o "Ho ascoltato attivamente?" può aiutare a identificare aree di forza e di miglioramento. Tenere un diario comunicativo può essere utile per tracciare progressi e modelli comportamentali. Ad esempio, annotare i dettagli delle conversazioni e delle presentazioni, includendo non solo il contenuto, ma anche le reazioni emotive e le risposte degli interlocutori, può offrire spunti per l'autovalutazione.

Il feedback degli altri è altrettanto importante. Creare un ambiente in cui colleghi, amici o mentori possano fornire feedback costruttivi è vitale. Questo può avvenire tramite sessioni di debriefing dopo riunioni importanti o presentazioni, oppure attraverso meccanismi formali come i questionari di valutazione o le app di feedback. L'obiettivo è ottenere una prospettiva esterna che possa confermare le proprie valutazioni o offrire nuovi spunti.

Allo stesso tempo, è cruciale apprendere l'arte di fornire e ricevere feedback. Il feedback dovrebbe essere specifico, basato su esempi concreti e formulato in maniera che sia facile da comprendere e da attuare. Ricevere feedback non è sempre facile, richiede apertura mentale e vulnerabilità, ma è un ingrediente essenziale per la crescita. Inoltre, coltivare la capacità di fornire feedback utile agli altri rafforza le proprie competenze comunicative e relazionali.

Oltre all'autovalutazione e al feedback, esistono metodi strutturati per valutare la comunicazione, come l'uso di checklist per presentazioni o le metriche di performance nelle conversazioni di vendita. Le tecnologie moderne offrono anche software di analisi del linguaggio che possono fornire dati oggettivi su aspetti come la chiarezza, la concisione e la persuasività del discorso.

Per una valutazione più completa, può essere utile associare la quantità e la qualità dei feedback ricevuti con misurazioni oggettive di successo, come i risultati di un progetto o il livello di engagement in una presentazione. Collegare i feedback alle performance reali aiuta a capire meglio l'efficacia della comunicazione nel raggiungimento degli obiettivi prefissati.

La valutazione dell'efficacia comunicativa è quindi un processo multidimensionale che coinvolge l'introspezione, il feedback esterno e l'analisi oggettiva. Si tratta di un ciclo continuo di feedback e miglioramento, dove l'acquisizione di consapevolezza e l'adattamento delle strategie comunicative giocano un ruolo chiave. Coltivando questo processo, si possono affinare le proprie abilità, garantendo una comunicazione che non solo trasmetta informazioni, ma che stabilisca anche connessioni significative e influenzi positivamente il contesto in cui si opera.

In un mondo dove le modalità di comunicazione sono in continua evoluzione, il percorso di crescita e di apprendimento di un individuo non può considerarsi mai completato. La tecnologia, i cambiamenti socioculturali e l'accesso a nuove forme di media hanno un impatto diretto sulle modalità con cui interagiamo. Per questo, è di fondamentale importanza mantenersi informati sulle nuove tendenze comunicative e saper adattare le proprie competenze di conseguenza.

L'adattabilità nella comunicazione richiede una mentalità aperta e proattiva verso l'apprendimento. Frequentare corsi di aggiornamento, workshop, seminari online e offline, e partecipare a gruppi di discussione sono tutti modi efficaci per acquisire nuove conoscenze e competenze. Anche le piattaforme di apprendimento online offrono risorse in abbondanza che possono aiutare a rimanere al passo con le nuove tecniche e gli strumenti emergenti.

La lettura costante è un altro strumento potente per l'apprendimento continuo. Libri, articoli, blog e studi di settore non solo ampliano la nostra comprensione teorica, ma possono anche ispirare nuove idee e approcci pratici. Inoltre, l'ascolto di podcast o la visione di TED Talks e altri video formativi può essere un metodo stimolante e coinvolgente per imparare dai leader di pensiero e dagli esperti di comunicazione.

Integrare la teoria con la pratica è essenziale. Implementare le nuove conoscenze in progetti reali, sia professionali che personali, permette di testare l'efficacia delle nuove tecniche apprese e di affinarle attraverso l'esperienza diretta. La collaborazione con colleghi o con un gruppo di pari offre la possibilità di scambiare idee, ricevere feedback e imparare dagli approcci comunicativi altrui.

Essere presenti e attivi sui social media e su altre piattaforme digitali può offrire una visione pratica delle tendenze correnti e delle aspettative del pubblico. Questa forma di coinvolgimento diretto non solo migliora la visibilità e il networking, ma fornisce anche un terreno fertile per sperimentare stili e formati comunicativi differenti.

La tecnologia offre anche la possibilità di utilizzare strumenti di analisi per misurare l'efficacia della comunicazione online, come il livello di engagement, la portata dei messaggi e la demografia del pubblico raggiunto. Questi dati possono fornire indicazioni preziose per affinare ulteriormente le strategie comunicative.

Infine, osservare e analizzare come comunicano le figure di successo nel proprio campo può essere estremamente formativo. L'imitazione consapevole delle tecniche efficaci, adattate al proprio stile personale, è un altro modo per continuare a crescere come comunicatore efficace.

Incorporando costantemente nuove conoscenze e rimanendo flessibili di fronte ai cambiamenti, si può mantenere un alto livello di competenza comunicativa. Rimanere aggiornati e pronti a sperimentare con nuove piattaforme e modalità di espressione consente di rimanere rilevanti e influenti in un paesaggio comunicativo che si evolve rapidamente. In questo modo, si assicura non solo la trasmissione efficace del proprio messaggio, ma anche la capacità di ascoltare e connettersi con un pubblico che è in continuo cambiamento.

Conclusione

Caro lettore del futuro,

Mentre queste parole raggiungono la tua mente e il tuo cuore, sei giunto al termine di un percorso ricco e complesso che ha attraversato i vari paesaggi della comunicazione. Hai navigato tra le onde della parola e del gesto, esplorato le profondità dell'ascolto attivo e scalato le vette della comunicazione efficace. Sei stato un esploratore attento, un apprendista dedicato e, spero, un trasformatore audace.

Ora che chiudi questo libro, il vero viaggio inizia. Le pagine che hai voltato sono state una mappa, ma i percorsi che intraprenderai da qui in poi saranno unici e personali. Ti ho fornito gli strumenti, ma sarai tu a scolpire le tue esperienze comunicative. In un mondo che continua a evolversi, la tua capacità di parlare e di ascoltare con intenzione, empatia e chiarezza sarà più che mai la chiave per aprire porte e costruire ponti.

Mentre guardi avanti, ricorda che la comunicazione è un'arte che non ammette perfezione definitiva, ma che vive di continue affinazioni e adattamenti. Le parole che hai trovato qui rimarranno sempre con te come fondamenta; tuttavia, sarà il tuo tocco personale a dare vita ai principi che hai imparato.

Il futuro è un dialogo aperto, un'invitazione a perseguire la comprensione reciproca e la collaborazione. È un territorio in cui le sfide comunicative saranno molteplici, ma anche ricco di opportunità straordinarie. Ti auguro di abbracciare ogni conversazione con la passione di chi sa che ogni scambio ha il potenziale per cambiare un piccolo angolo del mondo, o forse anche di più.

Il libro si conclude qui, ma la tua storia comunicativa è solo all'inizio. Ti auguro di portare avanti i concetti e le competenze che hai scoperto con fiducia e coraggio. Che tu possa essere un narratore della tua vita, un ascoltatore compassionevole e un costruttore di comunità. La tua voce conta, il tuo silenzio parla, e il tuo ascolto ha il potere di trasformare.

Con questi pensieri, ti congedo non con un addio, ma con un incoraggiamento a proseguire con determinazione e speranza. Che tu possa trovare successo nelle tue avventure e che la tua comunicazione ti porti a scoprire gioie e comprensioni sempre più profonde.

Buona fortuna, viaggiatore del tempo e dello spazio comunicativo. Che le tue parole siano chiare, il tuo ascolto profondo e il tuo impatto luminoso.

Con stima e ottimismo per il tuo futuro,

Carlo Ferri

Se pensi che questo libro ti sia piaciuto e
ti abbia aiutato ti chiedo solo di dedicare
pochi secondi a lasciare una breve
recensione su Amazon!

Grazie

Carlo Ferri